D1866646

Friedrich Saathen

Musik im Spiegel der Zeit

synchronoptische Tafeln zur Musikgeschichte Europas

mit einem lexikalischen Personen- und Sachverzeichnis

UE 26214

Universal Edition

E 28

© 1975 Universal Edition A. G., Wien 1' 1975

Alle Rechte vorbehalten, auch die des Nachdrucks und der Übersetzung, insbesondere der Vervielfältigung jeder Art und der Übertragung einzelner Textabschnitte oder Grafikausschnitte, auch für Zwecke der Unterrichtsgestaltung.

Grafik: Friedrich Saathen
Satz: Typostudio, Wien
Druck: Waldheim-Eberle, Wien
ISBN 3-7024-0094-X
Printed in Austria

Der Mensch kann nicht ohne Geschichte leben.
Albert Camus, Der Mensch in der Revolte

Einführung

Herausforderung durch die Vergangenheit

Die Vergangenheit ist in der Musik, die wir heute hören, so gegenwärtig wie noch nie zuvor. Zum Unterschied von andern Zeugnissen einstiger Kultur, etwa der Malerei oder der Plastik früherer Jahrhunderte, wird die Musik vergangener Zeiten zumeist aber auch nicht als ein Objekt musealer Randinteressen verstanden, sondern als Kern einer lebendigen Tradition, an der zumindest durch den Besitz eines Rundfunkempfängers, eines Plattenspielers oder eines Tonbandgeräts jeder zweite potentiell partizipiert.
Tatsächlich hat die Überlieferung „alter" Musik — apostrophiert wird hier die ganze Kategorie — durch die Anwendung neuer Verfahren nicht nur ein neues Gesicht bekommen, sondern auch einen neuen Antrieb von beträchtlicher Reichweite. Zuweilen mag sogar der Eindruck entstehen, als hätte sich in diesen Verfahren, die in der Hauptsache Verfahren der Radio- und Fonotechnik, aber auch solche der Massenproduktion und der Marktstrategie sind, mit der Form der Tradition auch ihr Inhalt regeneriert. Wie sich die Geister mehr oder minder ferner Epochen in der gegenwärtigen Musikwelt drängen, ist freilich schon deutlich genug am Beispiel herkömmlicher Opern- und Konzertveranstaltungen zu sehen, nicht nur zur Festspielzeit. Zu sehen ist aber auch, wo nicht Verblendung daran hindert, daß diese Betriebsamkeit nur selten etwas mit lebendiger Tradition zu tun hat. Woran das liegt, kann hier nur an einem von mehreren Umständen gezeigt werden.

Traditionslücken

Zu bedenken ist in erster Linie dieses: daß es die ganze Kategorie „alter" Musik — Musik vergangener Zeiten ist mit Rücksicht auf den jeweiligen historischen Standort vielleicht das treffendere Wort — in der Praxis bis vor rund zweihundert Jahren überhaupt nicht gegeben hat. Musik ist immer „Gegenwartsmusik" gewesen, bis ins späte 18. Jahrhundert, oder, soweit sie nicht dem flüchtigen Effekt der Improvisationskunst anheimgegeben war, bestenfalls Archivmaterial. Bekanntlich ist beinahe die Hälfte dessen, was Johann Sebastian Bach im Zeitraum eines vollen Menschenalters aufgeschrieben hat, spurlos verschwunden. Dabei war er nicht nur einer der fleißigsten Komponisten, sondern auch einer der ersten, die wieder zu Ehren kamen, als das Alte unter dem Einfluß neuhumanistischer Renaissancebewegung wieder modern wurde. Was bis dahin sonst noch alles nicht in die Geschichte eingegangen ist, einfach weil es nicht aufgezeichnet worden oder abhanden gekommen war, läßt sich heute kaum erahnen; das gilt auch für viele vordem selbstverständliche Einzelheiten der Musikwiedergabe. Unermeßlich ist anderseits, was bis ins 18. Jahrhundert von einer Generation zur andern weitergegeben worden ist, ohne daß es hätte aufgezeichnet werden müssen. Und unermeßlich ist die Fülle dessen, was seit dem 18. Jahrhundert nachträglich in den Fundus musikgeschichtlichen Materials eingebracht wurde, anfangs meistens von privaten Sammlern; später verteilte sich die Arbeit, die oft mühevolle Kärrnerarbeit war, auf ein Heer wissenschaftlich ausgebildeter Spezialisten.

Daß sich das neue Alte in der Praxis öffentlicher Aufführungen sehr bald durchsetzte, hing mit dem humanistisch orientierten Bildungsinteresse hochstrebenden Großbürgertums zusammen, spätestens seit dem Anfang des 19. Jahrhunderts gewiß auch mit der romantischen Sehnsucht nach universeller Weite, die zugleich Sehnsucht nach der unbekannten Ferne entschwundener Tage gewesen ist. Ausschlaggebend für die rasche Verbreitung alter Musik war neben ihrer demonstrativen Dokumentation in den Denkmäler- und Gesamtausgaben die rasche Entwicklung des Konzertwesens besonders in der zweiten Hälfte des 19. Jahrhunderts. Damals wurde das neue Alte unter dem wachsenden Zustrom großbürgerlicher Sympathien zum dominierenden Faktor jeder Programmgestaltung, und das ist es bis heute geblieben. Der Reiz des „Neuen", Unbekannten war freilich bald dahin, und die ursprüngliche Motivation des Hörers, der Antrieb der Entdeckungslust, hat sich infolgedessen merklich abgeschwächt. Eine andere als diese naive Bindung an die Inhalte der Tradition ist aber, wenn man von jener der Gewohnheit oder jener der Liebhaberei absieht, bislang nicht zustande gekommen. Vereinzelte Darbietungen „in historischem Rahmen", auf historischen Instrumenten oder gar in historischen Kostümen haben die alte Musik dem neuen Publikum gewiß nicht nähergebracht, weil sie gewöhnlich dem Zauber des Dekors erlagen.

Historisches Hören: eine Alternative

Hans Mersmann, ein scharfsichtiger Historiker und ein hellhöriger Zeitgenosse, der dem rechten Verhältnis zur Musik einen großen Teil seiner Aufklärungsarbeit gewidmet hat, hat schon vor annähernd fünfzig Jahren die Beobachtung gemacht, daß dieses Verhältnis durch die mangelnde Fähigkeit historischen Hörens in zunehmendem Maß beeinträchtigt wird. Unter historischem Hören verstand er ein intensiviertes, durch den Bedacht auf die Realität geschichtlicher Zusammenhänge vertieftes Erlebnis von Musik, gleich welcher Epoche. Das heißt, daß auch neue und neueste Musik in diesem Sinn historisch gehört werden kann. Und es ist nicht auszuschließen, daß man hier mitunter einer lebendigeren Tradition gewahr wird als im Bereich des angestammten Repertoires. Dazu gehört nicht unbedingt, daß man, bei Bartók zum Beispiel, da oder dort die alten Modi heraushört oder, bei Britten und Messiaen vielleicht, den Gregorianischen Choral oder, noch bei den Beatles, Pentatonisches. Der desperate Protest gegen die Tradition, wie er sich in den Formen der Antikunst, vom dadaistischen Urlaut bis zum Exzeß bruitistischer Lärmveranstaltungen, kundtut, kann dem aufmerksamen Hörer die gleiche Erfahrung einbringen.

Die Fähigkeit, historisch zu hören, ist also keine spezifische Form der musikalischen Wahrnehmung, sondern eher Ergebnis einer spezifischen Art der intellektuellen Aktivität. Dafür spricht auch der Umstand, daß sich die von Mersmann kritisierte, fast ausschließlich dem Instinkt überantwortete Beziehung des Hörers zur Musik vergangener Zeiten seit den zwanziger Jahren trotz einer enormen Ausweitung des Repertoires und der Möglichkeiten individueller Auswahl im allgemeinen nicht, jedenfalls nicht zu ihrem Besten, geändert hat. Die intellektuelle Komponente des Hörverhaltens wurde vielmehr, soweit vorhanden, besonders in den letzten zehn bis zwanzig Jahren in zunehmendem Maß von dem Interesse an Äußerlichkeiten der Musikwiedergabe geprägt. Die einseitige Fixierung auf akustische Phänomene, wie etwa das der Stereofonie, hat dabei den Dimensionen des Raumes eine dominierende Geltung verschafft, die sie in der Musik von Natur aus nicht besitzen. Die Dimension der Zeit, eine eminent musikalische Dimension sozusagen, ist dagegen arg vernachlässigt worden. Das fällt besonders bei jungen Menschen auf; nicht wenige taxieren zum Beispiel die akustische Qualität einer Schallplattenaufnahme mit der Sicherheit des Routiniers, sind jedoch weit überfordert, wenn sie in elementaren Fragen des musikalischen Tempos, des Rhythmus oder der Tondauer entscheiden sollen. Natürlich hat dieses Manko eine andere Ursache als das Fehlen der historischen Perspektiven. Nichtsdestoweniger ist auch die historische Perspektive eine Dimension der Zeit, die Parallele aber vor allem deshalb signifikant, weil die Wirkung des Defekts in beiden Fällen dieselbe ist: das rechte Verhältnis zur Musik stellt sich zumeist nicht ein. Der historische Zeitsinn, der dafür ebenso verantwortlich gemacht werden kann wie der musikalische, läßt den Hörer allerdings viel häufiger im Stich als dieser, und dafür gibt es plausible Gründe.

Traditionsverzicht

Die Geschichte steht heute im allgemeinen nicht sehr hoch im Kurs. Das ist nach der Hausse der Zeit von etwa 1850 bis zum Anfang dieses Jahrhunderts nicht weiter verwunderlich. Als Ursache wurde verschiedentlich allgemeine Ermüdung festgestellt. Es fehlt aber auch nicht an Symptomen einer tiefen Entfremdung. Manchmal wurden die Zeitgenossen sogar der Flucht vor der Geschichte verdächtigt, manchmal der organisierten Revolte gegen sie geziehen. Unter den kritischen Momenten, die das Verhältnis des heutigen Menschen zu seiner Vergangenheit belasten, ist dieser Leumund gewiß dasjenige nicht, das am leichtesten wiegt. Es gibt aber noch mehr von dieser Art. Auf all das näher einzugehen, ist hier nicht der richtige Ort. Wer sich für das Thema Traditionsverzicht interessiert, sei auf eine kleine Auswahl einschlägiger Beiträge im Anhang zu den Literaturhinweisen (S 18) aufmerksam gemacht.
Daran, daß sich manche langweilen, wenn sie von Geschichte hören, sind sie freilich nicht immer selber schuld. Die Geschichte ist in der hochspezialisierten und abstrakten, bisweilen esoterischen Form, die ihr der Anspruch wissenschaftlichen Niveaus unter Experten heute aufzuzwingen scheint, nicht nur recht unpopulär geworden, sondern, unter dem Gesichtspunkt gesellschaftlich relevanten Wissens, auch recht unergiebig. L'art pour l'art. Dessen sind sich wohl auch die Historiker bewußt. Eine „Sozialisierung" des Geschichtswissens, wie sie manchem von ihnen vorschweben mag, scheitert aber bereits an dem Umfang, den dieses Wissen insbesondere durch den Zuwachs auf den verschiedenen Gebieten der Spezialforschung angenommen hat. Die ungeheure, beständig weiter wuchernde Materialfülle, die die Materie schon mehr verbirgt als bereichert, wird bald vielleicht nur mehr mit dem technischen Rüstzeug der Datenbank vollständig zu bewältigen sein. Eine Überlieferung im Sinn bisheriger Geschichtsschreibung wäre dann aber schlechterdings unmöglich. Begreiflich, daß auch der Historiker, wenn er ein wenig an die Zukunft denkt, dem Hang zur Resignation nicht immer widerstehen kann.

Musikgeschichte: ein Sonderfall

Die Wissenschaft der Musikgeschichte ist noch jung, so jung wie die von ihr zutage geförderte „alte" Musik. Die Probleme, die sie sich unter dem Zugzwang modernen Wettbewerbs aufgeladen hat, sind zwar im großen und ganzen die gleichen wie in jeder anderen Geschichtsdisziplin, aber die Gewichtsverteilung ist eine andere. Und anders nimmt sich im Hinblick auf den Ertrag insbesondere der Forschungsarbeit das Verhältnis zwischen theoretischem Wert und praktischem Nutzen aus. Ihre eigene kurze Geschichte liefert die beste Illustration dazu.
Sie beginnt, wie die der neueren Historiografie, im Zeichen der Aufklärung, und ihre eigentlichen Begründer heißen vielleicht Hume, Voltaire und Montesquieu. 1776 erschien in England *A General History of Music,* der erste Teil von Charles Burneys historiografischem opus maximum; in diesem Jahr lag aber auch schon die erste vollständige, bis

zum damaligen Stand der Dinge gediehene Musikgeschichte von John Hawkins vor, *General History of the Science and Practice of Music,* ein fünfbändiges, wissenschaftlich fundiertes und höchst verdienstvolles Werk, das durch eine reichhaltige Sammlung von Musikbeispielen zusätzlichen dokumentarischen Wert gewann. Die *Allgemeine Geschichte der Musik,* die Nikolaus Forkel, der erste Bach-Biograf, zwölf Jahre später folgen ließ, wäre vielleicht ein gleichwertiges deutsches Gegenstück dazu geworden, wenn sie nicht im 16. Jahrhundert steckengeblieben wäre. Allerdings haben auch viele andere zeitgenössische Beiträge zur Geschichte der Musik, wie etwa die großangelegte *Storia della musica* von Giambattista Martini, deren erster Band bereits 1757 erschienen war, einen recht fragmentarischen Charakter, ein Umstand, der deutlich erkennen läßt, daß die Musikforschung in ihren Anfängen mit großen Schwierigkeiten verbunden war. Als Anfangsschwierigkeiten kann man diese jedoch nicht ohne Vorbehalt bezeichnen. Denn auch die *Geschichte der Musik* von August Wilhelm Ambros, die schon als klassisches Werk der Musikhistoriografie gelten kann, der erste von fünf Bänden kam 1862 heraus, blieb unvollendet. Die Menge einschlägiger Literatur hatte sich bis dahin freilich vervielfacht. Damals, als die Geschichte zu den zentralen Gegenständen öffentlichen Interesses gehörte, kam übrigens die Arbeit an den „Denkmälern" und an den Gesamtausgaben in Schwung. Damals erschienen auch die ersten großen Komponistenmonografien, Chrysanders Händel, Jahns Mozart, Spittas Bach, Thayers Beethoven.

Geschichte und Wirklichkeit

Seither hat sich das historiografische Bild der Musik auf vielfältige Weise gewandelt, und der zunehmende Einfluß der Spezialisten unter den Historikern läßt sich an diesem Wandel deutlich ablesen. Doch auch der Wechsel der Perspektive hat die gesonderte Behandlung verschiedener Teilaspekte begünstigt. Bald stellte sich die Musikgeschichte, im Sinn der Rankeschen Geschichtsauffassung, als eine Geschichte derer dar, „die sie gemacht haben" (Heroengeschichte), bald als eine Geschichte der Formen und Gattungen (Geschichte der Oper, der Sinfonie und so weiter), bald auch als eine Geschichte der musikalischen Stilepochen. Auf den synchronoptischen Tafeln heben sich diese Aspekte deutlich voneinander ab; trotzdem erscheinen sie hier stets in einem bestimmten Verhältnis sowohl zueinander als auch zum Ganzen; das drückt sich auch in der unterschiedlichen optischen Wirkung aus.
Die Forschung hat in jeder dieser Sphären einen zentralen Bereich musikgeschichtlicher Entwicklung aufgedeckt. Die wichtigste und wohl auch schwierigste Arbeit ist indessen auf notations- und quellenkundlichem Gebiet geleistet worden. Dort haben Spezialisten in penibler Kleinarbeit eine große Anzahl von Fakten ans Licht gebracht, von denen man sich vor zweihundert bis zweihundertfünfzig Jahren nichts hätte träumen lassen und ohne deren praktische Auswertung die geschichtliche Realität der Musik heute ganz anders aussehen würde. Neben oder vor Ambros haben zu dieser Entwicklung vor allem die Forscher François-Joseph Fétis, Martin Gerbert und Raphael Georg Kiesewetter Entscheidendes beigetragen.
Hervorzuheben ist, was dem Postulat einer Aktivierung des Hörers in der Richtung auf jene geschichtliche Realität besonderes Gewicht verleiht: daß die Musik durch die systematische Erforschung ihrer Vergangenheit, zumal aber durch die Erschließung mittelalterlicher Quellen und solcher des Renaissancezeitalters eine Dimension hinzugewonnen hat, die ihr Wesen veränderte. Zwar ist die Musik auch früher schon weitgehend dadurch definiert gewesen, was die Geschichte aus ihr gemacht hat, aber erst die Vertiefung der Perspektiven hat ihr jenen Grad geschichtlicher Wirklichkeit verschafft, den sie heute besitzt.

Daß dies nur für die europäische Musik gilt, darf allerdings nicht übersehen werden. Gerade das, was als ihre Geschichtlichkeit bezeichnet werden könnte, unterscheidet sie auf exemplarische Art und Weise von aller nichteuropäischen Musik. Denn diese ist, wenn man von der amerikanischen absieht, durch die starre Form ihrer Tradition dem Prozeß geschichtlichen Wandels von vornherein entzogen. Das ist einer der Gründe, warum sie in diesen synchronoptischen Tafeln, die eine *historische* Übersicht bieten sollen, nicht berücksichtigt wurde.

Europa: Enge und Weite

In einer Zeit, die mit Recht für sich in Anspruch nimmt, dem Menschen jene globalen Weiten erschlossen zu haben, die sein Weltbürgertum glaubhaft machen, mag eine solche Begrenzung borniert erscheinen, zumal der Abbau regionaler Unterschiede gerade in der Musik seit etwa 1900 unübersehbare Spuren hinterlassen hat. Deshalb sollen auch alle anderen Gründe für die Beschränkung auf die Geschichte der Musik Europas genannt werden.

— Eine Übersicht wie diese ist (nicht nur durch das Papierformat) notwendigerweise an bestimmte Grenzen gebunden.

— Eine quasi natürliche Grenze ist der Darstellung dadurch gesetzt, daß sich die europäische Musikgeschichte über einen Zeitraum erstreckt, der nicht viel größer ist als ein Jahrtausend. Denn sie beginnt genaugenommen erst gegen Ende des ersten Jahrtausends mit der Entwicklung der Mehrstimmigkeit; erst sie hat die Musik Europas zur „Kunstmusik" gemacht, ein anderes wichtiges Merkmal, das sie von aller nichteuropäischen Musik unterscheidet; und schon am Anfang des 20. Jahrhunderts, mit der Ausbreitung interkontinentaler Strömungen (Exotismus, Atonalität, Jazz), endet die Geschichte. Was diesem Millennium europäischer Musik vorausgegangen ist, einschließlich des klassischen Altertums, ist mangels zuverlässiger Auskunft darüber, wie die spärlich überlieferten Zeugnisse musikalischer Kunst zu interpretieren, beziehungsweise die nicht überlieferten Formen realen Klangs zu rekonstruieren sind, in den Bereich der Spekulation zu verweisen oder als Vorgeschichte zu betrachten. Die Zeit nach 1950 hingegen, vielleicht das ganze 20. Jahrhundert und die Folgezeit sind mit Rücksicht auf die globalen Zusammenhänge nur mehr unter einem universalgeschichtlichen Aspekt zu begreifen.

— Anderseits ist zu bedenken, daß sich die europäische Musik in den vergangenen ein-, zweihundert Jahren auf der ganzen Welt ausgebreitet hat und ihr Vokabular, ihr Formenschatz sowie ihr geistiges und technisches Instrumtentarium dadurch zum Fundament neuer Entwicklungen auch außerhalb Europas, insbesondere auf dem amerikanischen Kontinent, geworden sind.

— Und schließlich: Die europäische Musik ist eine Ausdrucksform europäischen Geistes, an deren Substanz alle Europäer einen spezifischen Anteil haben, aber keiner einen nationalen Sonderanspruch für sich ablesen kann. Mit andern Worten, die europäische Musik ist eine Einheit.

Musik im Spiegel der Zeit

Hier ist der Platz, einige weitere Überlegungen mitzuteilen, die dieser Darstellung vorausgegangen sind. Wenn ich auch den Titel hier aufs Tapet setze, dann tue ich es deshalb, weil er bestimmte Grundzüge der Arbeit, in denen sich diese Überlegungen konkretisiert haben, auf anschauliche Weise zur Geltung bringt.

Der Titel hat einen doppelten Sinn. Musik im Spiegel der Zeit bedeutet: Musik, wie sie sich, als eine „Zeitkunst", in jener Erscheinungsform der Zeit reflektiert, die wir Geschichte nennen; wie sie sich in der Zeit und mit der Zeit, gleich ihr etwas Unbeständiges, Vergängliches, bewegt, sich unablässig wandelt. Eine solche Interpretation schließt den Fortschritt im Sinn einer zielstrebigen Entwicklung zu immer höheren Formen künstlerischer Vollendung oder technischer Perfektion aus. Die Musik des 20. Jahrhunderts ist nicht besser oder vollkommener als die des 16. und die des 12. nicht schlechter als die des 17. Jahrhunderts.

Musik im Spiegel der Zeit bedeutet aber auch: Musik, wie sie sich im weiteren Blickfeld und im größeren Zusammenhang jener Erscheinungen darstellt, die im Erscheinungsbild der Zeit als einem Komplex historisch definierter politischer, wirtschaftlicher, sozialer und kultureller Tatsachen zusammenwirken und es periodisch verändern. Die Musik ist in diesem größeren Zusammenhang so wenig autonom wie irgendeine andere Ausdrucksform des Geistes. Und das Verhältnis zu ihrer geistigen Umwelt, insbesondere zu den andern Künsten, wird weniger dadurch bestimmt, was sie dieser Sphäre von sich mitteilt, als durch das, was sie aus dieser Sphäre in sich aufnimmt. Diese Interpretation schließt aus, daß Musik nur als ein Phänomen des Klangs und seiner Gestaltung verstanden werden kann.

Die synchronoptische Darstellung der Musikgeschichte in einem universalgeschichtlichen Panorama von der Art eines solchen „Zeitspiegels" hat noch etwas anderes für sich. Sie erschließt alle nur denkbaren Zugänge zur historischen Realität der Musik, sowohl von der politischen als auch von der Ideengeschichte her, von der Philosophie und Literatur her genauso wie von der bildenden Kunst. Die Korrespondenz mit der Literatur und bildenden Kunst ist auf den Tafeln aus naheliegenden Gründen besonders deutlich herausgearbeitet worden. Die Daten, die aus diesen Bereichen aufgenommen wurden, beschränken sich freilich auf elementare Erfordernisse der Orientierung; dazu bedarf es aber kaum eines ausführlichen Kommentars.

Grundsätze der Materialauswahl

Für die Auswahl sämtlicher Daten, der musikgeschichtlichen so gut wie aller andern, war in hohem Maß das Verfahren des Weglassens bestimmend. Es bietet die einzige Gewähr für eine Begrenzung, die Übersicht und zugleich Zusammenschau ermöglicht, wo Überfülle solches auszuschließen scheint. Natürlich bringt die Reduktion des Stoffs auf eine derart überschaubare Menge eine gewisse Vereinfachung mit sich. Vereinfachung muß aber nicht unbedingt als eine terrible Simplifikation aufgefaßt werden.

Im übrigen war für die Auswahl der Daten und Fakten, aus denen sich der Inhalt der Tafeln zusammensetzt, die Überlegung maßgebend, daß europäische Geschichte nicht als Summe aller Daten und Fakten zu begreifen ist, die die Geschichten der europäischen Staaten und Völker registrieren, sondern daß nur jene zählen, die eine übernationale Geltung für sich in Anspruch nehmen können. Für den Bereich der Musikgeschichte bedeutet das, daß in den Tafeln nur zu finden ist, wer oder was entweder durch überregionalen Rang oder durch eine gewisse Bedeutung im Hinblick auf andere oder anderes ausgewiesen ist, die eine solche Legitimation europäischer Geltung besitzen oder besaßen. Trotz dieser Beschränkung war es besonders auf der dritten Tafel und hier wiederum besonders in den Abschnitten des 19. und 20. Jahrhunderts aus Platzgründen nicht möglich, auch nur dem Anschein einer vollständigen Aufzählung zu genügen. Allerdings hatte ich es darauf gar nicht abgesehen. Und daß ich mitunter, zum Beispiel bei der Wahl zwischen zwei Komponisten, im Zweifelsfall subjektiv entschieden habe, will ich nicht ausschließen; das hätte jeder andere an meiner Stelle auch getan.

„Stilfragen"

Die gewohnte, aus der Geschichte der bildenden Kunst übernommene Epochencharakteristik habe ich aus folgenden Gründen beibehalten, obgleich ihre Übertragung auf die Materie der Musikgeschichte wegen verschiedener Unstimmigkeiten bei der zeitlichen Abgrenzung und bei der Interpretation der Stilbegriffe oft kritisiert worden ist.
— Eine stilgeschichtliche Gliederung des Stoffs ist unerläßlich, die Einführung neuer Stilbegriffe wäre aber in Anbetracht dessen, daß die alten jedermann geläufig sind, absurd.
— Im Bezugssystem der Tafeln erhalten diese Begriffe durch den weitläufigen Kontext, in dem sie hier stehen, einen extrem großen Umfang. Sie sind nirgends ausdrücklich und ausschließlich auf Stilphänomene der Musik festgelegt. Wo solche näher zu definieren sind, wurden Begriffe des musikalischen Zeitstils (klassische Vokalpolyphonie, Monodie) in die Charakteristik mit einbezogen.
— Die Stilkategorien der Kunstgeschichte bedeuten auch unter dem gewohnten Blickpunkt der Epochencharakteristik weit mehr als ihre Namen (Romanik, Gotik, Renaissance und so weiter); denn sie charakterisieren nicht nur die Zeitstile und ihre Merkmale in den Werken der Kunst, sondern die Verfassung je eines ganzen Zeitalters, insofern jedenfalls, als sie sich mit den Kategorien der jeweils vorherrschenden Lebens- und Denkformen decken.
Im letzten Abschnitt der Tafeln (Tafel III, 20. Jahrhundert) ist die Stilcharakteristik auf das Grundmuster zweier Geisteshaltungen reduziert, die ebensogut in jedem anderen Zeitabschnitt nachgewiesen werden können (Modernismus, Traditionalismus). Der durch diese Schematisierung bedingte intensive Schwarzweiß-(beziehungsweise Rotgrün-)Effekt darf nicht für eine Bestätigung der gängigen Meinung gehalten werden, die Gegenwart unterscheide sich von der Vergangenheit vor allem dadurch, daß sie keinen Stil habe. Im 20. Jahrhundert sind, seit seinem Beginn, so viele Stileigentümlichkeiten ausgebildet worden wie vielleicht zu keiner andern Zeit. Der starke Hang zum Eklektizismus, der diese Entwicklung später aufgefangen hat, schließt aber gewiß nicht aus, daß es auch noch andere Tendenzen gibt, für die einstweilen kein gemeinsamer Nenner gefunden werden kann. Eine Verallgemeinerung solcher Tendenzen wäre nichtsdestoweniger ein ebenso fragwürdiges Unterfangen wie eine vorschnelle Etikettierung. Das Rotgrünmuster, in dem sich diese stets gleichbleibenden Grundtendenzen im Erscheinungsbild des 20. Jahrhunderts abzeichnen, ist nur dazu bestimmt, die Orientierung zu erleichtern.

Zielvorstellungen

Musik im Spiegel der Zeit ist ein Buch für Liebhaber der Musik, gleichgültig, ob sie sich aus reiner Liebhaberei oder professionell und auf welche Art immer mit der Musik befassen. Dem Historiker hat es außer dem Entwurf zu einer Synopsis größeren Formats Nennenswertes nicht anzubieten. Es ist aber auch kein Lehrbuch, sondern eher ein Lernbuch. Und wenn es in Anbetracht der Tafeln, die ja die Hauptsache daran sind, überhaupt als Buch bezeichnet werden kann, dann ist es weniger ein Buch zum Lesen als zum Schauen, aber auch weniger zum Nachschauen oder Nachschlagen als zum Anschauen und Nachdenken. Das Moment der Reflexion, das der Titel als einen wesentlichen Gesichtspunkt der Darstellung aus dem Komplex der Geschichtstafeln hervorhebt, sollte, versteht man Reflexion im Doppelsinn des Worts, ein ebenso wesentliches Moment dieser „Schau" sein. Besondere Sachkenntnis ist dazu gewiß nicht erforderlich, sondern nur ein wenig Muße, Freizeit ist vielleicht nicht ganz das richtige Wort, und das entsprechende Animo. Sachwörter werden in einem separaten Verzeichnis kurz erklärt. Dieses Verzeichnis enthält

auch die wichtigsten Daten aus dem Leben und Werk der Komponisten in einer knappen verbalen Zusammenfassung und stellt insofern eine Ergänzung der Tafeln dar.
Geschichtskenntnis, wie gering diese auch sein mag, wird beim Studium der Tafeln von Nutzen sein, die zusätzliche Lektüre eines Geschichtsbuches sicher noch nützlicher. Der hauptsächliche Reiz einer Besichtigung der Vergangenheit in der Form, in der sie sich hier darbietet, besteht aber vielleicht darin, Dinge, Tat-Sachen, selbst zu ermitteln, die in anderen Geschichtsbüchern schon wegen der geringeren Übersicht so leicht nicht zu ermitteln sind, und diese nach eigenen Zielvorstellungen auf eine Weise zueinander in Beziehung zu setzen, wie dies bei einer anderen Form der Geschichtsbetrachtung in der Regel kaum möglich ist.
Von allergrößtem Nutzen wäre es, wenn das Studium der Tafeln auf authentisches Anschauungsmaterial aus den Bereichen der bildenden Kunst und Literatur ausgedehnt werden könnte, auf die Lektüre verschiedener, unter einem bestimmten historischen Gesichtspunkt ausgewählter literarischer Texte sowie auf die Entdeckung entsprechender Vergleichsobjekte in den Bilderbüchern der Kunst, am besten natürlich im Original. Die Versuchung, dabei vom Thema abzuschweifen, ist groß; man wird ihr aber dadurch leicht entgehen, daß man viel Musik hört. Und das ist es, worauf es in erster Linie ankommt, wenn die Beschäftigung mit ihrer Geschichte in dieser wie in jeder anderen Darstellungsform einen Sinn haben soll.
Musik im Spiegel der Zeit kann unter diesem Aspekt als eine Anleitung zum historischen, geschichtsbewußten Hören aufgefaßt werden. Wenn es aber auch nur als Anregung dazu verstanden – und genützt – wird, mag das Buch seinen Zweck erfüllen. Geschichtsbewußtsein ist, wie das musikalische Gehör, eine spezifische Form des Zeitsinns und die Pflege beider eine spezifische Form der Bewußtseinspflege. Es liegt nahe, die Pflege beider in jenem Bereich zu kombinieren, den sie in der Tradition der europäischen Musik seit langem gemein haben. Vielleicht genügt es dem Leser jedoch bereits, so viel Geschichte auf so wenig Papier domestiziert zu sehen. Das wäre immerhin auch ein Annäherungsgrund.

Friedrich Saathen

Einige Winke

zur Benützung der Tafeln

Wie die in den Tafeln zusammengefaßten Daten geordnet und auf der Ebene grafischer Darstellung zueinander in Beziehung gesetzt sind, zeigt sich auf anschauliche Weise im Schema der beiden Zeitskalen am oberen und unteren Rand des breiten Mittelfeldes: dem chronologischen Nacheinander, das den Lauf der Dinge auch im Ablauf der Geschichte bestimmt, entspricht auf der Bildfläche der Tafeln ein chronologisches Nebeneinander; alles, was untereinander steht, steht daher unter dem Blickpunkt der Gleichzeitigkeit. Auf welche Stoffbereiche der Geschichte sich dieser Synchronismus erstreckt, geht im Detail aus der Übersicht neben der Stecktasche der Tafeln hervor. Sie setzt sich aus zehn Abschnitten zusammen, deren Disposition mit der des Stoffs auf den Tafeln genau übereinstimmt, und wenn die Tafeln aufgeschlagen so neben diese Übersicht gelegt werden, daß die korrespondierenden Zonen in einer Linie zu liegen kommen, ist in Zweifelsfällen rasch zu ermitteln, was wo zu finden ist.

Eine andere Orientierungshilfe besteht darin, daß ein großer Teil des Datenmaterials, und zwar das der Abschnitte 3, 6, 9 und 10, fast durchwegs auch nach geografisch-regionalen Gesichtspunkten geordnet ist: alle Eintragungen, deren Gegenstand im Norden oder Westen Europas lokalisiert werden kann, sind in jeder dieser Zonen auf die obere Hälfte verteilt, die andern, die sich dem Süden oder Osten zuordnen lassen, auf die untere Hälfte. (Auf der Tafel des Altertums richtet sich diese Aufteilung sinngemäß nach der geografischen Lage der griechischen Landschaften und der angrenzenden Gebiete.) Ausnahmen von dieser Regel sind, besonders in den Abschnitten 3 und 9, durch Platzmangel begründet.

Die deutlich hervortretenden optischen Komponenten der Darstellung, die dem Bild jedes Zeitalters, auch jedes Jahrhunderts und jeder kürzeren historisch profilierten Periode, ein anderes Aussehen verleihen, wie die typografische Anordnung und die unterschiedliche, nach stilgeschichtlichen Kriterien differenzierte Farbe des Textes, brauchen nicht näher erklärt zu werden. In der zweiten Hälfte der dritten Tafel erfüllen diese Bildelemente die ihnen zugedachte Funktion vielleicht nicht in demselben Maß wie in den anderen Teilen der Grafik, weil die drucktechnisch bedingte Beschränkung auf zehn Farben einer exakten stilgeschichtlichen Differenzierung in diesem Zeitabschnitt gewisse Grenzen setzt. Es fehlt an den „Zwischentönen". Bach, dessen Musik mehr vom Geist des Renaissancezeitalters in sich aufgenommen hat als von dem des Barock, sich aber dennoch weder der einen noch der andern Epoche einordnen läßt, ist ein Beispiel dafür. Ein anderes, konkreteres, bietet sich im Abschnitt des 19. Jahrhunderts an, wo die „Kennfarbe" der Epoche (Violett) eigentlich nur zur Chrakterisierung der frühromantischen Anfänge reicht. Als ich für Wagner und seine Gesinnungsgenossen unter den Komponisten (Liszt, Bruckner, Cornelius, Wolf) einen dunkleren Ton dieser Farbe aussuchte, stellte sich beim Nachzählen heraus, daß bereits alle zehn Farben vergeben waren.

Das Hauptproblem einer Stilkennzeichnung dieser Art liegt im Bereich des 19. Jahrhunderts aber in anderen Bezirken nationalstaatlich orientierten Geistes, und zwar dort, wo sich die

vehementen folkloristischen Impulse der Epoche mit vergleichbaren impressionistischen Regungen oder mit vergleichbaren Erscheinungsformen des Verismus und des Naturalismus berühren. Denn hier ist die Ähnlichkeit bestimmter Merkmale ebenso bedeutsam wie die Verschiedenheit anderer. In der Grafik ist eine entsprechende Differenzierung wegen des Zehnfarbenlimits nicht möglich. Das hellere Grün, das hier die verschiedensten Phänomene unter dem Gesichtspunkt bestimmter Parallelen kennzeichnen soll, markiert nur den Unterschied gegenüber der stilistischen Grundtendenz der Epoche (Violett). Das dunklere Grün gehört schon mehr zum Bild der nächsten Epoche, wohingegen dasselbe Rot, das dort einer gegensätzlichen Stilkategorie zugeordnet ist, hier noch zur Kennzeichnung frühexpressionistischer Strömungen herhalten muß, die sich jener Epoche nicht ohne Einschränkung subsumieren lassen. Mit anderen Worten, der Fantasie des Lesers und seinem Kombinationsvermögen bleibt auch oder gerade an diesem Ende einiges zu tun übrig.
Im folgenden handelt es sich dagegen um ein paar schlichte Winke von der Art einer Gebrauchsanleitung, vor allem um die Erklärung bestimmter, auf den Text bezogener Symbole.

Fettdruck

dient wie bei jedem anderen Druckerzeugnis der Hervorhebung bestimmter Satzelemente; bei den im Abschnitt 2 verzeichneten musikalischen Gattungsnamen und bei den geistesgeschichtlichen Begriffen im Abschnitt 8 erhält er dadurch jedoch eine zusätzliche Funktion, daß bei Wortwiederholungen, die hier stets die Bedeutung fortdauernder Geltung haben, das fettgedruckte Wort auch immer den Höhepunkt einer Entwicklung markiert. Wenn aber ein Wort dieser Kategorie, wie zum Beispiel Villanella im 16. Jahrhundert oder Materialismus im 19., ob fett oder mager gedruckt, nicht öfter als ein- oder zweimal vorkommt, so bedeutet dies nicht, daß die Sache, die es benennt, für eine spätere Zeit überhaupt keine Geltung mehr hatte. Die einzelne wie auch jede erste Eintragung bezieht sich durchwegs auf die Zeit des ersten Auftretens, die in der Regel ebensowenig zu präzisieren ist wie der Zeitpunkt des Verschwindens eines historischen Phänomens.

Umrandete Textelemente

Die umrandeten Ländernamen im Abschnitt 2 (ganz oben) und die umrandeten Städtenamen im Abschnitt 10 (ganz unten) bezeichnen die im Lauf der Musikgeschichte jeweils führenden Völker oder Nationen beziehungsweise die jeweiligen Kulturzentren Europas. Wie im Fall der jeweils gültigen Tonsysteme und Notationsformen (im Abschnitt 2) sind die Einfassungslinien aber natürlich nicht im Sinn einer bestimmten engeren zeitlichen Begrenzung zu interpretieren.

Pfeile

Senkrechte Pfeile verweisen entweder auf eine Eintragung in einer anderen Zone der Tafel oder sie zeigen, im Mittelfeld biografischer Daten als Verbindung zwischen den Lebenslinien verschiedener Personen, ein Lehrer-Schüler-Verhältnis an. Die waagrechten Pfeile im Abschnitt 2 verweisen auf spätere Eintragungen beziehungsweise, sofern es sich um Gattungsbegriffe handelt, auf einen entwicklungsgeschichtlichen Zusammenhang.

Punkte

vor Personennamen und vielen anderen Eintragungen (am oberen Zeilenrand) markieren in jedem Fall bestimmte Zeitpunkte, bei Städten und Institutionen zum Beispiel das Gründungsjahr, bei Handschriften und Bauten in der Regel das Datum der Fertigstellung, bei Drucken das früheste Erscheinungsdatum, bei Werktiteln das Jahr der Fertigstellung oder der ersten Publikation oder der Uraufführung und bei Personen schließlich das Geburtsjahr; das Sterbejahr ist durch einen kurzen senkrechten Strich angezeigt, der die Lebenslinie an ihrem Ende durchkreuzt. (Bei Herrschern und Staatsmännern sind Anfang und Ende der Regierungszeit auf diese Weise markiert.)
Werden diese Zeichen (oder auch die weiter unten erwähnten liegenden Kreuze) in einer gedachten senkrechten Linie oder mit Hilfe eines Lineals, eines Bleistifts, einer Papierkante mit den Zeitskalen in Verbindung gebracht, ist in jedem Fall auch das Jahr genau zu ermitteln, das sie markieren. Wo sie fehlen, sind entweder die Daten nicht gesichert, oder es handelt sich, wie bei den Gattungsnamen und einer großen Anzahl anderer Sachwörter, um Dinge, Begriffe, Erscheinungen, Fakten, die nicht auf einen bestimmten Zeitpunkt festzulegen sind.

Liegende Kreuze

immer vor Städtenamen, aber nur im Abschnitt 10 zu finden: auf der Tafel des Altertums sind sie das Symbol für den Untergang oder die Zerstörung der Stadt, auf den andern Tafeln zeigen sie historisch bedeutende Schlachtorte, in einer senkrechten Linie mit den Zeitmarken stets auch (an Stelle des Punkts) das entsprechende historische Datum an.

Abkürzungen

sind in der Regel im Mittelfeld zu finden, vor allem auf Tafel III, wo sie viel Platz sparen. Im Zweifelsfall kann zu ihrer Auflösung das Verzeichnis vor dem lexikalischen Register herangezogen werden; dort sind alle wiederzufinden, bis auf eine: in den Abschnitten des 19. und 20. Jahrhunderts stehen unter den im Mittelfeld verzeichneten Werktiteln viele kursiv gesetzte römische Ziffern; sie stehen im Sinn einer Ordnungszahl immer für eine Sinfonie (*I, II, III,* d. h. Erste, Zweite, Dritte Sinfonie usw.).
Für manche Werktitel wurde eine Kurzform gewählt, zum Beispiel *Ein Überlebender* für *Ein Überlebender aus Warschau,* oder *Sacre* für *Le Sacre du Printemps,* oder *Puntila* für *Herr Puntila und sein Knecht Matti.*

Die Zeitcharakteristik im Abschnitt 1 ist, wenn man von der des ersten Jahrtausends absieht, eine stichwortartige Zusammenfassung der wichtigsten zeittypischen Daten eines Jahrhunderts. Die Stichwörter sind aber nach chronologischen Gesichtspunkten so auf den Abschnitt verteilt, daß sie in den Grenzen der jeweiligen Platzverhältnisse meist auch das historische Bild kürzerer Perioden kennzeichnen. Jede Eintragung in dieser Zone muß allerdings wie alle anderen Eintragungen in jenem größeren Zusammenhang gelesen werden, der sich in der Synopsis mehrerer oder aller Daten eines Jahres, eines Jahrzehnts und jedes beliebigen anderen überschaubaren Zeitraums darbietet. Daß gerade die beiden Randzonen der Tafeln, die Abschnitte 1 und 10, in einem engen Korrespondenzverhältnis zueinander stehen, soll diesen Zusammenhang verdeutlichen. Vielleicht trägt auch die symmetrische Anordnung der übrigen Zonen oberhalb und unterhalb des Mittelfeldes einiges dazu bei. Zusammenhänge und Querverbindungen, die unterhalb dieser

Ebene synchronoptischer Darstellung liegen, also gleichsam unter der Oberfläche registrierbarer Fakten, muß der Leser selbst entdecken. Dabei wird ihm das eigene Geschichtsbild ebenso nützen wie das Bild, das ihm eine aufmerksame Lektüre der Tafeln vermittelt.
Diese Lektüre setzt freilich eine andere „Lesart" voraus als die Lektüre eines anders zusammenhängenden Textes, die eines gewöhnlichen Buches etwa. Der Gedanke muß bisweilen springen können wie der Blick, ohne daß er seine Richtung dabei verliert; die Perspektive muß sich auch im Hinblick auf den einzelnen Gegenstand immer wieder ändern. Das heißt lesen eher im ursprünglichen Sinn des Wortes, heißt „auflesen" und „sammeln" (legere) eher als ablesen von etwas, das in einem ganz bestimmten Zusammenhang vorgeschrieben ist. Es heißt aber auch auswählen nach verschiedenen Gesichtspunkten und heißt daher ebenso auseinanderhalten, unterscheiden (intellegere), erkennen, verstehen. Diese Art des Geschichtsverständnisses, das auf der Kenntnis sowohl einzelner Fakten als auch der übergreifenden Zusammenhänge einer weitverzweigten historischen Faktizität beruht, sollte in der Lektüre der Tafeln gesucht werden.

Literaturhinweise

Ein vollständiges Verzeichnis der Quellen, die in bezug auf diese Arbeit als Informationsquellen im weiteren Sinn angesehen werden können, würde mehrere Seiten umfassen und dem Leser wenig nützen, weshalb darauf verzichtet werden kann. Angesichts des umfangreichen Datenmaterials, das den Tafeln zugrunde liegt, seien hier aber wenigstens die größeren bei der Sammlung, Sichtung und Prüfung dieses Materials herangezogenen Nachschlagewerke genannt.

Der große Brockhaus, sechzehnte, völlig neubearbeitete Auflage in zwölf Bänden, F. A. Brockhaus, Wiesbaden 1953/58.

Paul E. Eisler, World Chronology of Music History, Vol. I., Oceana Publications, Inc. Dobbs Ferry, New York 1972.

Die Musik in Geschichte und Gegenwart, herausgegeben von Friedrich Blume, Kassel und Basel 1949 ff.

Riemann Musiklexikon, zwölfte völlig neubearbeitete Auflage, herausgegeben von Wilibald Gurlitt, B. Schott's Söhne, Mainz 1959 ff.

Nicolas Slonimsky, Music Since 1900, W. W. Norton & Company, Inc., New York 1937.

Lesern, die den Stoff der Musikgeschichte von verschiedenen Seiten kennenlernen oder auch nur von einer Seite tiefer in die Materie eindringen wollen, können die folgenden Bücher empfohlen werden. Jedes ist in seiner Art ein typisches Beispiel für die Problematik, der sich der Historiker heute auch oder gerade auf diesem Spezialgebiet der Geschichtsschreibung gegenübersieht.

Jacques Handschin, Musikgeschichte im Überblick, Verlag Räber & Cie., Luzern 1964 (ein Buch von hohem wissenschaftlichem Rang, durch sein rein theoretisches Konzept aber auf die Tradition des orthodoxen Historismus festgelegt).

Eberhard Preußner, Musikgeschichte des Abendlandes, Wien 1958 (für Schule und Haus, das Lehrbuch alten Stils).

Hans Heinz Stuckenschmidt, Musik des 20. Jahrhunderts, Kindlers Universitätsbibliothek, München 1969 (die auch in der Historie der Musik sonst meist vernachlässigte Zeitgeschichte; sehr wichtig).

Walter Wiora, Die vier Weltalter der Musik, W. Kohlhammer, Stuttgart 1961 (Taschenbuch der Urban-Reihe, verdienstvoller Ansatz zu einer Universalgeschichte der Musik; sozusagen Pflichtlektüre).

Karl Heinrich Wörner, Geschichte der Musik, Göttingen 1961 (gleichfalls ein eher unkonventionelles Buch).

Eine Publikation, die ich zwar nicht empfehlen, aber auch nicht ignorieren kann, weil sie die erste synchronoptische Darstellung der Musikgeschichte ist, die ich kenne, ist *Musikgeschichte und Zeitgeschehen,* Wien 1944, eine eigene, freilich ebenso ambitiöse wie

mangelhafte Arbeit aus meiner Studienzeit. Sie ist leider in einer großen Auflage gedruckt worden und war nach kurzer Zeit vergriffen. Erstaunlicherweise wird sie aber in Antiquariaten immer noch gehandelt; ein Hinweis darauf mag daher auch aus Gründen einer möglichen, wenngleich nicht eben wahrscheinlichen Verwechslung mit *Musik im Spiegel der Zeit* an dieser Stelle seinen rechtmäßigen Platz haben.
Übrigens, wie aktuell das Thema Geschichte heute wieder ist und wie sehr die Problematik, die heute darin steckt, die Menschen beschäftigt, beweisen eine ziemlich große Anzahl von Büchern, die sich damit befassen und allesamt in den letzten zehn bis fünfzehn Jahren erschienen sind. Hier eine kleine Auswahl.

Herbert Lüthy, Wozu Geschichte?, Zürich 1972

Golo Mann, Geschichte als Ort der Freiheit, Zürich 1974

Reinhard Wittram, Das Interesse an der Geschichte, Göttingen 1958

Reinhard Wittram, Anspruch und Fragwürdigkeit der Geschichte, Göttingen 1969

Geschichte heute, Positionen, Tendenzen, Probleme. Herausgeber: Gerhard Schulz; Göttingen 1973

F. S.

Personen- und Sachverzeichnis

Dieses Verzeichnis enthält nur Namen und Sachwörter, die zur Materie der Musikgeschichte gehören. Die ihnen nachgestellten Jahreszahlen geben bei Personen das Geburts- und Todesjahr an, bzw. bei den gegenwärtig lebenden Zeitgenossen nur das Geburtsjahr, bei Gebäuden das Jahr der Eröffnung, bei Handschriften und Drucken das Erscheinungs(Herstellungs-)jahr, bei Gesellschaften, Vereinigungen, Institutionen u. dgl. das Jahr der Gründung; sie dienen, wie die mit Gattungsnamen und anderen Sachwörtern verbundenen approximativen Zeitangaben, vor allem dem sicheren Auffinden der korrespondierenden Textelemente in den dafür bestimmten Abschnitten der Tafeln. Personen, deren Namen im Verzeichnis nicht durch Fettdruck hervorgehoben sind, wurden, zumeist der Übersichtlichkeit wegen, nicht in die Gesamtdarstellung der Tafeln aufgenommen; dazu gehören beispielsweise alle namhaften Musikgelehrten seit Beginn des 16. Jahrhunderts, die nicht auch Komponisten von Rang gewesen sind; diese zumindest aber hier zu verzeichnen, erschien aus Gründen der Orientierung unerläßlich.
Außer den üblichen Abkürzungen sind in diesem Verzeichnis für Gattungsnamen die nebenstehenden Kurzformen verwendet worden. Da sie sich meistens auf mehrere Werke einer Gattung beziehen, sind sie, wo nichts anderes vermerkt ist, im Plural zu verstehen.

Anth	Anthem
Bd	Ballade
Bt	Ballett
Ca	Catch
Ch	Chanson
ChM	Chormusik
EM	Elektronische Musik
FiM	Filmmusik
FuM	Funkmusik
GA	Gesamtausgabe
Gl	Glee
Hy	Hymne
Ka	Kantate
Kz	Kanzonette
KlK	Klavierkonzert
KlM	Klaviermusik
KM	Kammermusik
Ko	Konzert
L	Lied
Ma	Madrigal
Me	Messe
Mo	Motette
Ms	Masque
O	Oper
o	Operette
OM	Orchestermusik
Or	Oratorium
OrgM	Orgelmusik
PM	Passionsmusik
Ps	Psalm
Ro	Rondeau
S	Sinfonie
SchM	Schauspielmusik
SD	Sinfonische Dichtung
SM	Sakralmusik
Ssp	Singspiel
V	Villanelle
VlK	Violinkonzert

ACADÉMIE ROYALE DE MUSIQUE (Paris), 1671, erstes frz. Opernhaus

ACADEMY OF ANCIENT MUSIC (London), 1710, engl. Konzertgesellschaft

ADAM, ADOLPHE, 1803–1856, frz. Komponist (O: *Der Postillon von Lonjumeau, Wenn ich König wär,* Bt: *Giselle)*

ADAM DE LA HALLE, ca 1237–ca 1287, frz. Komponist (Mo Ro Jeux partis sowie das mit volkstümlichen Liedern durchsetzte *Jeu de Robin et Marion)*

ADAM DE ST. VICTOR, ca 1120–1177, frz. Kleriker (Kantor), schrieb Sequenzen

ADLER, GUIDO, 1855–1941, österr. Musikgelehrter, Herausgeber der Denkmäler der Tonkunst in Österreich, Lehrer Schönbergs, Weberns u. a. bedeutender Musiker.

ADORNO, THEODOR W., 1903–1972, dt. Gelehrter (Philosophie, Soziologie, Musikwissenschaft) und Komponist

AGRICOLA, ALEXANDER, 1496–1506, niederl. Komponist (Me Mo Ch)

AKTIONSSCHRIFT (ca 1960), eine Notationsform, die in mehr oder minder konventionellen Zeichen, bzw. Zeichenkombinationen und (oder) verbalen Anweisungen teilweise oder zur Gänze statt eines bestimmten Klangbilds den Modus der Klangproduktion, bzw. den Akt der Ausführung darstellt (z. B.: mit dem Finger rasch in beiden Richtungen quer über die Klaviersaiten streichen).

ALBÉNIZ, ISAAC, 1860–1909, span. Pianist u. Komponist (O OM KIM L)

ALBERT, HEINRICH, 1604–1651, dt. Komponist (Arien Lieder)

ALBINONI, TOMMASO, 1671–1750, it. Komponist (O Ka Ko Sonaten)

ALBRECHTSBERGER, JOHANN GEORG, 1736–1809, österr. Komponist u. Musiktheoretiker

ALCUINUS, ca 735–804, aus York (Northumberland) stammender Gelehrter; Freund u. Berater Karls d. Großen; Spiritus rector der ersten (Karolingischen) Renaissance; seine fragmentarisch überlieferte Abhandlung über die Kirchentöne gilt als ältester Beleg für die Anwendung dieses Systems auf die Musik der Westkirche.

ALEATORISCHE MUSIK (ca 1960), im weiteren Sinn jede Musik, deren Erscheinungsform wie das Ergebnis eines Spiels mit dem Würfel (alea) vom Zufall abhängt; im engeren Sinn die auf die Funktion „gelenkten Zufalls" angelegte Musik serieller und „postserieller" Spielart, die dem oder den Ausführenden beschränkte Freiheiten einräumt.

AISCHYLOS, –525 – –456, athen. Tragiker *(Die Perser, Sieben gegen Theben, Der gefesselte Prometheus, Orestie);* führte den zweiten Schauspieler in das Drama ein, reduzierte den Anteil des Chors zugunsten des Dialogs u. vollendete dadurch die Form des antiken Schauspiels.

ALKAIOS, ca –600, mytilenischer Lyriker

ALKMAN, ca –650, griech. Lyriker (Chorführer)

ALLEGRI, GREGORIO, 1582–1652, it. Komponist (Me Mo Concertini)

ALLELUIAJUBILUS (ca 370), melodische Ausschmükkung (Melisma) des Alleluiarufs auf dem letzten Vokal

ALLGEMEINE MUSIKALISCHE ZEITUNG, Leipzig, 1797

ALLGEMEINER DEUTSCHER MUSIKVEREIN, Leipzig, 1859

ALTERATIONSHARMONIK (ca 1855), das durch alterierte (chromatisch veränderte, dissonierende) Akkorde gelockerte Bezugssystem der Tonalität (→ Dur-Moll-System).

AMBROSIANISCHER GESANG (ca 380), nach dem Bischof Ambrosius benannter Gesang (Responsorien u. Antiphonen) der Mailänder Liturgie

AMBROSIUS, 333–397, Bischof von Mailand, „Vater des strophischen Kirchenliedes"; soll Antiphonen- u. Hymnengesang in die röm. Kirche eingeführt haben.

AMY, GILBERT, 1936, frz. Dirigent u. Komponist (OM KM SchM FiM)

ANERIO, FELICE, 1560–1614, it. Komponist (Me Mo Ko Ma)

ANERIO, GIOVANNI FRANCESCO, ca 1567–1630, it. Komponist, Bruder von Felice A. (Me Mo Ps Ma)

ANIMUCCIA, GIOVANNI, ca 1500–1571, it. Komponist (Me Ma u. a. SM)

ANTIPHON (ca 60 u. 1040), urspr. Wechselgesang zweier Solisten oder Chöre, bzw. beim Vortrag eines Männer- u. eines Frauenchors das gleichzeitige Singen im Oktavabstand, später auch der im solistischen Psalmvortrag interpolierte refrainartige Ruf des „Volkes" (Chors) u. der daraus entwickelte reicher ausgestaltete einstimmige Chorgesang.

ANTIPHONARIUM AMBROSIANUM (ca 1160), Sammlung von Antiphonen

ANAKREON, ca –570 — ca –495, griech. Lyriker, schuf in seiner Poesie der Liebe u. des Weins das Vorbild für ein eigenes lyrisches Genre (Anakreontik).

ANTHEM, ca 1625, mehrstimmiger Gesang der anglikanischen Kirche; urspr. ein A-cappella-Stück nach Motettenart, später auch eine kantatenartige Komposition mit Vokalsoli und Instrumentalbegleitung.

APEL, WILLI, 1893, dt. Musikforscher amerikanischer Nationalität

APOSTEL, HANS ERICH, 1901–1972, österr. Komponist dt. Herkunft; Schüler Alban Bergs (OM KM L)

ARCADELT, JACOB, ca 1514–ca 1570, fläm. Komponist (Me Mo Ma Ch)

ARCHILOCHOS, ca –640, griech. Lyriker

ARIE (ca 1620), „Weise", urspr. einfaches Strophenlied mit Instrumentalbegleitung; seit Anfang des 17. Jh. auch dreiteilig (Da capo-Arie).

ARION, ca –600, griech. Lyriker; vermutl. erster Dithyrambendichter

ARISTEIDES (QUINTILIANUS), 2. Jh., griech. Musiktheoretiker, dessen drei Bücher über Musik zu den ergiebigsten Quellen antiken Musikgeistes gehören.

ARISTOPHANES, ca –455 — ca –385, athen. Komödiendichter

ARISTOXENOS, ca –354 — ca –300, athen. Musiktheoretiker, Aristoteles-Schüler; seine *Elemente der Harmonik* enthalten die Grundlagen einer von der Wahrnehmung ausgehenden empirischen Musiklehre.

ARNAUT DANIEL, 2. Hälfte d. 12. Jh., Troubadour; Hauptvertreter der „hermetischen" Minnedichtung (trobar clus); erfand die Form der Sestina.

ARNE, THOMAS AUGUSTINE, 1710–1778, engl. Komponist (O Or S Sonaten Gl Ca)

ARS ANTIQUA (ca 1240), „alte Kunst" (alte Lehre), zum Unterschied von der ars nova der nachfolgenden Epoche, die frühe, an die Anfänge der Mensuralnotation gebundene Musik der Zeit von etwa 1230 bis 1320 (→ musica mensurabilis) und ihre Theorie.

ARS MUSICA (ca 1070), mit den „sieben freien Künsten" (septem artes liberales) aus dem Erziehungssystem des Altertums in den Unterricht ma. Klosterschulen übernommene Kunst (bzw. Wissenschaft) der Musik; sie war nach der Einteilung des Boethius eines der vier im Quadrivium zusammengefaßten mathematischen Fächer (Arithmetik, Geometrie, Musik, Astronomie).

ARS NOVA (ca 1320), „neue Kunst", Satz- und Notationstechnik der Anfang des 14. Jh. vor allem in ihrer rhythmischen Feinstruktur zu früher Vollendung ausgebildeten Vokalpolyphonie; der 1321 in dem Ars nova-Traktat von Philipp de Vitry eingeführte Begriff wurde später auf die Musik der ganzen Epoche zwischen dem Ende des 13. und dem Anfang des 15. Jh. ausgedehnt.

ARTE DEI RUMORI, 1916 (Geräuschkunst), Abhandlung von Luigi → Russolo

ATONALITÄT (ca 1910), umstrittener Begriff für die Unabhängigkeit eines Klanggefüges vom Bezugssystem tonaler Harmonik (Dur-Moll-System); eine erste Tendenz zur A. ist bereits im → harmonikalen Farbklang zu suchen.

ATTERBERG, KURT MAGNUS, 1887–1974, schwed. Komponist

AUBER, FRANÇOIS, 1782–1871, frz. Komponist, Protagonist der Großen Oper

AUBRY, PIERRE, 1874–1910, frz. Musikhistoriker (Mittelalter)

AUDEFROI LE BÂTARD, ca 1185–ca 1250, Trouvère

AUGSBURGER TAFELKONFEKT, 1733, Sammlung mehrstimmiger Gesellschaftslieder von Valentin Rathgeber

AUGUSTINUS, AURELIUS, 354–430, Kirchenvater; schrieb wichtige Beiträge zur Musik.

AULETIK (ca –700), Solospiel auf dem Aulos

AULODIE (ca –600), Gesang mit Begleitung eines (von einem Instrumentisten gespielten) Aulos

AULOS (ca –740), eine Art Doppelrohroboe, deren Gebrauch urspr. mit ekstatischen Riten (Dionysoskult) verbunden war und durch die Gestalten des Marsyas und des Olympos einen ausgeprägten mythischen Aspekt erhielt (→ Auletik, Aulodie, Dithyrambos).

AUSDRUCKSTANZ (ca 1900), die dem klassischen Ballett entgegengesetzte Form ausdrucksbetonter rhythmischer Bewegung, durch die Isadora Duncan und Rudolf von Laban eine neue Ära der Tanzkunst eingeleitet haben; die von Jaques-Dalcroze gelehrte rhythmische Gymnastik steht diesem Typus nahe.

BACH-ABEL-KONZERTE, London 1764; von Joh. Chr. Bach u. Carl Friedr. Abel geleitete Abonnementkonzerte

BACH, CARL PHILIPP EMANUEL, 1714–1788, Sohn von Joh. Seb. B., dessen Ruhm er lange Zeit bei weitem übertraf, dt. Komponist (Or PM Ka S Ko KlM L); 1740–67 Kammercembalist Friedrichs d. Großen; schrieb auch *Versuch über die wahre Art, das Klavier zu spielen.*

BACH, JOHANN CHRISTIAN, 1735–1782, Sohn von Joh. Seb. B., dt. Komponist (O Or Ka S KlK KM KlM); seit 1756 in Mailand, seit 1762 in London, wo er, besonders durch sein berühmtes „singendes Allegro", auch den jungen Mozart stark beeindruckte.

BACH, JOHANN CHRISTOPH FRIEDRICH, 1732–1795, Sohn von Joh. Seb. B., dt. Komponist (Or Mo Ka KM KlM)

BACH, JOHANN SEBASTIAN, 1685–1750, dt. Komponist, hatte nacheinander mehrere Organistenämter inne (Arnstadt, Mühlhausen, Weimar) und es in Köthen sogar zum Hofkapellmeister gebracht, ehe er 1723 als Nachfolger Kuhnaus die vergleichsweise unbedeutende Kantorstelle an der Leipziger Thomaskirche erhielt; seine Musik (PM Ka Orch.-Ouvertüren Partiten Ko KlM OrgM), zum großen Teil sakrale „Gebrauchsmusik", war zu seinen Lebzeiten wenig verbreitet und bald nach seinem Tod vergessen; ihre hohe Bedeutung wurde erst im 19. Jh. erkannt (→ Mendelssohn), was auf ihre exemplarische kontrapunktische Strenge und die darin verborgene, B.s Zeitgenossen u. unmittelbare Nachfahren gewiß ebenso befremdende Neigung zur mystisch-spekulativen Kunst des MAs u. der Renaissance zurückzuführen sein mag, aber auch auf die Fülle und Vielfalt der harmonischen Substanz, die die Grenzen der barocken Klangwelt weit hinter sich ließ.

BACH, WILHELM FRIEDEMANN, 1710–1784, Sohn von Joh. Seb. Bach, dt. Komponist (S Ka Ko OrgM KlM)

BADINGS, HENK, 1907, holl. Komponist (O S Ko OrgM KlM KM)

BALAKIREW, MILIJ, 1837–1910, russ. Komponist (S SD Ko KlM Volksliedbearbeitungen)

BALLADE, 1) (ca 1100, 1190, 1215, 1325, 1400); urspr. provenzalisches Tanzlied mit Chorrefrain; 2) (ca 1775, 1805) meist durchkomponiertes Lied erzählenden Charakters.

BALLAD OPERA (ca 1625 u. 1710), „Liedoper", engl. Form des Sing- oder Liederspiels mit satirischem Einschlag; die *Beggar's opera* von Gay u. Pepusch, die im 20. Jh. durch Weills *Dreigroschenoper* als Musterbeispiel der Gattung erneut zur Geltung kam, war eine sozialkritisch geschärfte Parodie auf die it. Oper des frühen 18. Jh.s.

BALLET D'ACTION (ca 1750), „Handlungsballett", von Jean Georges Noverre eingeführte dramatisierte Form des Bühnentanzes

BALLET DE COUR (ca 1580), Hofballett, frz. Tanzspiel mit großer Ausstattung, Gesang u. Orchestermusik

BALLETT (ca 1635 u. 1825), musikalisch u. szenisch ausgestaltete Form des *Schautanzes; seine Anfänge sind in den höfischen Tanzformen der Renaissance (Moresca, Maskenspiel, Ballet de cour) zu suchen; die entscheidende Wendung zum Tanztheater führte im 18. Jh. → Noverre mit seinem Ballet d'action (Handlungsballett) herbei.

BANCHIERI, ADRIANO, 1568–1634, it. Musiktheoretiker u. Komponist (Me Mo Madrigalkomödien Ma Kanzonen)

BARDEN (ca 520), keltische Dichter u. Sänger, bildeten im späten MA einen eigenen Stand.

BARTÓK, BÉLA, 1881–1945, ungar. Komponist, Pianist u. Volksmusikforscher; schrieb Musik aller Gattungen, in der er, ausgehend von der deutschen Romantik, über den Impressionismus u. einer hochstilisierten Form östl., vor allem magyarischer Folklore zu einer eigenartigen, von einem starken Formwillen getragenen Synthese traditioneller u. modernistischer Komponenten gelangte.

BASSE DANSE (ca 1480), geradtaktiger höfischer Schreittanz

BEAT (ca 1970), Bebop Jazz

BECKEN (–1000 u. 1390), paarweise verwendete, teller- früher auch schalenförmige Schlaginstrumente; gr. kymbalon, lat. cymbala, davon abgeleitet Zimbeln.

BEETHOVEN, LUDWIG VAN, 1770–1827, dt. Komponist, betätigte sich nach früher Unterweisung im Instrumentalspiel aus Erwerbsgründen schon in Jünglingsjahren als Organist u. Klavierspieler; 1792 übersiedelte er von Bonn nach Wien, wo er, vom Adel gefördert, jedoch unabhängig von äußeren Verpflichtungen nach knapp 10 Jahren strenger Selbstdisziplin auch jenen Grad innerer Freiheit erlangte, der seinem schöpferischen Antrieb gemäß war (die kurzfristige Lehre bei Haydn, Albrechtsberger und Salieri hat gewiß weniger dazu beigetragen als das unablässige Studium Bachs und Mozarts); die Sonaten u. Streichquartette der Zeit um 1800 tragen bereits alle Merkmale sowohl seines persönlichen als auch des Reifestils der ganzen Epoche; die subjektivistische Grundhaltung sowie der Hang zur Ausweitung der Form u. zur poetisch-philisophischen Assoziation nimmt aber auch schon charakteristische Elemente der Romantik voraus.

BEHAIM, MICHAEL, 1416–1474, Meistersinger in der Tradition des Minnesangs; schrieb auch drei Reimchroniken.

BELCANTO (ca 1715), „Schöngesang", Kunst des stimmtechnisch beherrschten, oft improvisatorisch ausgeschmückten Sologesangs nach it. Manier; artete besonders in der 2. Hälfte des 18. Jh. durch virtuose Übersteigerung u. Manieriertheit zu aufdringlicher Bravour aus.

BELDEMANDIS, PROSDOCIMUS DE, ca 1375–1428, it. Musiktheoretiker

BELLINI, VINCENZO, 1801–1835, it. Opernkomponist; seine *Norma* war im 19. Jh. eine der beliebtesten Opern.

BENDA, GEORG (JIŘI ANTONIN), 1722–1795, böhm. Komponist (Melodramen Ssp S KIM Ka)

BENEVOLI, ORAZIO, 1605–1672, it. Komponist (Me, darunter eine 52-stg. zur Einweihung des Salzburger Doms, Mo Ps)

BENNETT, RICHARD RODNEY, 1936, engl. Komponist (O S Streichquartette FuM FiM)

BENNETT, WILLIAM STERNDALE, 1816–1875, engl. Komponist (KIK Ouvertüren Or Ka KM L)

BERG, ALBAN, 1885–1935, österr. Komponist (2 O OM KM L); seine frühe Lyrik tendiert zu Schumann u. Brahms; trotz radikaler Abkehr von diesen Vorbildern in den *Altenberg-Liedern* (1912) hat sich B. aber von der Tradition auch der Romantik nie gelöst; die von Schönberg übernommene Zwölftontechnik wandte er konsequent nur in der Oper *Lulu* u. im VIK, seinen letzten zwei Kompositionen, an, allerdings in einer Weise, die seinem reichen, ein wenig überfeinerten tonal-harmonischen Empfinden weiten Spielraum ließ.

BERGER, THEODOR, 1905, österr. Komponist (OM Streichquartette FiM FuM)

BERIO, LUCIANO, 1925, it. Komponist (OM KM EM musikalisches Theater); 1953–59 leitete er das elektronische Studio des it. Rundfunks in Mailand, seit 1960 hält er regelmäßig Kompositionskurse in Amerika, zeitweilig auch in Europa.

BERLIOZ, HECTOR, 1803–1869, frz. Komponist (O Or S Ouvertüren ChM L); seine Sinfonien, die nach dem Vorbild von Beethovens *„Pastorale"* auf die musikalische Darstellung eines verbal umschriebenen, nichtmusikalischen Inhalts hin konzipiert, also Programmusik par excellence, sind, können als Modelle der Sinfonischen Dichtung gelten, weil sie auch schon den für die suggestive poetische Wirkung typischen Effekt einer virtuos gehandhabten Technik der Komposition (Leitmotiv) u. der Instrumentation in sich schließen; seine hohe Orchestrationskunst hat B., der auch ein virtuoser Schreiber war, in seinem *Traité d'instrumentation et d'orchestration modernes* theoretisch untermauert; sein Einfluß zumal auf Liszt u. Wagner war beträchtlich.

BERNART DE VENTADORN, ca 1115–1195, Troubadour

BERNO VON REICHENAU, ca 980–1048, Abt des Klosters Reichenau; verfaßte mehrere Musiktraktate von hohem Quellenwert, darunter *De varie psalmorum atque cantuum modulatione.*

BERTRAN DE BORN, ca 1140–vor 1215, Troubadour

BESSELER, HEINRICH, 1900, dt. Musikforscher (MA u. Renaissance)

BINÄRER RHYTHMUS (ca 1305) zweiteiliger Rhythmus, setzte sich in der Sakralmusik neben dem ternären (dreiteiligen) erst im 14. Jh. durch.

BINCHOIS, GILLES, ca 1400–1460, franko-fläm. Komponist (Me Mo Hy Ch)

BIRTWISTLE, HARRISON, 1934, engl. Komponist (O OM KM)

BIZET, GEORGES ALEXANDRE CESAR LEOPOLD, 1838–1875, frz. Komponist (O OM L); *Carmen,* urspr. noch als Opéra comique bezeichnet, hat der Gattung in ihrer harten, veristischen Attitüde bereits einen neuen Typus entgegengesetzt.

BLACHER, BORIS, 1903–1975, dt. Komponist (O Bt Or OM KM EM)

BLOMDAHL, KARL-BIRGER, 1916–1968, schwed. Komponist (O Ka S EM SchM FiM)

BLONDEL DE NESLE, ca 1155–?, Trouvère (mit dem Sänger der Richard Löwenherz-Legende nicht identisch)

BLOW, JOHN, 1649–1708, engl. Komponist (Anth Mo Oden L KIM)

BOCCHERINI, LUIGI, 1743–1805, it. Komponist (SchM OM KM)

BOETHIANISCHE BUCHSTABENSCHRIFT (ca 520), die für das griech. Systema teleion eingeführte Reihe A bis P.

BOETHIUS, ANICIUS MANLIUS SEVERINUS, ca 480 bis 524, röm. Staatsmann u. Philosoph; seine Schrift *De institutione musica* hatte für die Musiktheorie des gesamten Mittelalters grundlegende Bedeutung.

BOIELDIEU, FRANÇOIS-ADRIEN, 1775–1834, frz. Opernkomponist

BOLOGNA, JACOPO DA, ca 1310–1370, it. Madrigalkomponist

BOMHART (ca 1390 u. 1565), (Pommer), Doppelrohrblattinstrument, Vorläufer der Oboe

BORODIN, ALEKSANDR, 1833–1887, russ. Komponist (S KM; die unvollendete Oper *Fürst Igor* wurde von Rimsky-Korsakow und Glasunow fertiggestellt).

BOULEZ, PIERRE, 1924, frz. Komponist (Instrumental- u. Vokalmusik in versch. Besetzung sowie Musique concrète u. elektronische Musik); auch als Dirigent u. Schriftsteller leidenschaftlich engagierter Wortführer einer streng durchrationalisierten u. zugleich musikalisch kraftvollen, durch die Wirkung des Klangs überzeugenden Tonsprache.

BRAHMS, JOHANNES, 1833–1897, dt. Komponist, studierte in seiner Geburtsstadt Hamburg und bekleidete nach den Wanderjahren einer oft entbehrungsreichen Jugend in Detmold eine Zeitlang das Amt eines Hofmusikdirektors; 1862–64 hielt er sich in Wien auf und kehrte 1878 für den Rest seines Lebens dorthin zurück; seine Musik (S Ko KM ChM KIM Orgelkomp. L), von Schumann prophetisch als „höchster Ausdruck der Zeit" deklariert und von Wagner als altertümelndes „Melodiengehäcksel" verhöhnt, schließt sich zwar eng an das Formkonzept der Klassik an, der reiche Stimmungsgehalt u. das schwärmerische Pathos des Gefühlstons rücken sie aber ins Zentrum romantischer Kunsterfahrung.

BRITTEN, BENJAMIN, 1913, engl. Komponist (O OM ChM KM L u. Gesänge)

BRUCH, MAX, 1838–1920, dt. Komponist

BRUCK, ARNOLD VON, ca 1490–1554, österr. Komponist (Mo Hy L Liedbearbeitungen)

BRUCKNER, ANTON, 1824–1896, österr. Komponist, stammte aus altem Bauerngeschlecht u. diente sich vom Landschulgehilfen über das Amt eines Linzer Domorganisten (1855) zum Wiener Universitätsprofessor (1875) hoch; 1891 wurde er Dr. h. c.; in der langen Zeit seiner Organistentätigkeit im Stift St. Florian (1845–55) eignete er sich eine umfangreiche Kenntnis sowohl der Literatur von Palestrina bis Beethoven als auch ihrer kompositionstechnischen Grundlagen an; spätere Einflüsse, die sich vor allem auf seine Harmonik u. seine Orchestration auswirkten, kamen von Wagner; seine eigene schöpferische Energie kommt u. a. in der Tektonik gewaltig ausgeweiteter Formen zur Geltung; er komponierte S Me Mo Ps Hy Orgelwerke; wenig KIM u. KM.

BRUMEL, ANTOINE, ca 1460–1520, frz.-fläm. Komponist (Me Mo Ch)

BUCHSTABENSCHRIFT (ca –260 u. 760)

BUCINA (ca –420), → Horn

BÜCKEN, ERNST, 1884–1949, dt. Musikforscher

BULL, JOHN, ca 1562–1628, engl. Komponist u. Organist, hervorragender Meister der engl. Virginalmusik (Tänze, Fantasien, Variationen)

BURKHART VON HOHENFELS, ca 1210–1250, süddt. Minnesänger

BURNEY, CHARLES, 1726–1814, engl. Komponist, Organist u. Musikforscher

BUSNOIS, ANTOINE, ca 1445–1492, niederl. Komponist (Me Mo Ch)

BUSONI, FERRUCCIO, 1866–1924, it. Komponist u. Pianist, strebte in seiner Musik „neue Klassizität" an, bewies aber als Anreger und Förderer modernistischer Interessen die größere Durchschlagskraft in seinen Theorien.

BUSSOTTI, SYLVANO, 1931, it. Komponist, Maler u. Regisseur: einer der fantasievollsten u. originellsten Schöpfer „Musikalischer Grafik".

BUXHEIMER ORGELBUCH (ca 1470), Sammlung von Instrumentalstücken; hauptsächlich Musik für Tasteninstrumente.

BUXTEHUDE, DIETRICH, 1637–1707, dt. Organist u. Komponist (OrgM KIM Ka KM); die Fülle und Vielfalt besonders seiner Instrumentalmusik machte ihn zum erklärten Vorbild J. S. Bachs.

BYRD, WILLIAM, ca 1543–1623, engl. Komponist, seit 1572 Organist der Chapel Royal; schrieb Me Mo Ps, verdankt seine dominierende Stellung aber vor allem der hohen Kunst seiner Madrigal- u. Virginalkompositionen.

BYZTANTINISCHER GESANG (ca 650), der gleich dem Ambrosianischen und Gregorianischen Gesang aus der Psalmodie der Urchristen hervorgegangene Gesang der byzantinischen Kirche.

CACCIA (ca 1350), „Jagd", dreistimmiges Vokalstück in Kanonform; auch der Text hat meist eine „Jagd" zum Inhalt.

CACCINI, GIULIO, ca 1550–1618, it. Sänger u. Komponist (O Ma Arien Duette); vor J. Peri Haupt der → Florentiner Camerata

CALDARA, ANTONIO, 1670–1736, it. Komponist (O Or Serenaden)

CANCAN (ca 1870), frz. Gesellschaftstanz im $^2/_4$-Takt, der wegen seiner Ausgelassenheit ebenso beliebt wie gescholten war.

CANTICUM (ca 60), psalmähnlicher Gesang der frühchristlichen Liturgie

CANTUS FIRMUS (ca 1420), auch cantus prius factus, vorgegebene Melodie; seit den Anfängen der Mehrstimmigkeit dem Gregorianischen Gesang, später auch weltl. Musik entnommene oder frei erfundene Tonfolge (Thema), die die Hauptstimme oder den thematischen Kern einer Komposition bildet, so in der C. f.-Messe des 15. Jh. u. in den zahlreichen C. f.-Bearbeitungen der Folgezeit.

CANZON DA SONAR (ca 1570), auch Canzona sonata, zum Instrumentalvortrag bestimmtes und dementsprechend notiertes mehrstimmiges Vokalstück

CANZONE → CHANSON

CANZONETTE → KANZONETTE

CARDEW, CORNELIUS, 1936, engl. Komponist (OM EM KIM)

CARISSIMI, GIACOMO, 1605–1674, it. Komponist (Or Me Mo Ka); seine Oratorien haben der Gattung durch bedeutende künstlerische Impulse zum entscheidenden Durchbruch verholfen.

CARMINA BURANA (ca 1297), zu dieser Zeit im Kloster Benediktbeuren aufgezeichnete Liebes- u. Trinklieder (weltliche Klerikerdichtung), die unter diesem Titel erst im 19. Jh. gedruckt wurden.

CAROL (ca 1425), urspr. einstimmiges engl. Refrainlied geistl. Charakters, später, in veränderter Form, volkstüml. Weihnachtslied; in der zum Usus gewordenen Praxis mehrstimmigen Gesangs (15. Jh.) oft in der Art des Faburden vorgetragen (→ Fauxbourdon).

CASCIA, GIOVANNI DA, ca 1300 — nach 1351, it. Komponist (Ma, Caccien); ältester Vertreter der it. Ars nova.

CASELLA, ALFREDO, 1883–1947, it. Komponist (O Bt OM KM L); bedeutender Anreger der Neuen Musik.

CATCH (ca 1625, 1700 u. 1775), mehrstimmiges engl. Vokalstück in Kanonform, das bei gesellschaftl. Unterhaltungen lange Zeit beliebt war; unter den vielen Sammlungen ragt John Hiltons *Catch that catch can* hervor.

CAVALIERI, EMILIO DE, ca 1550–1602, it. Komponist, angebl. Erfinder des Basso continuo; die dramatischen Szenen *Il Satiro* u. *Giuoco della cieca* sind Vorstufen der Oper.

CAVALLI, FRANCESCO, 1602–1676, it. Komponist (O Me Mo Ps)

CELESTA, 1886, dem Glockenspiel ähnliches resonanzreiches Stahlplattenklavier

CEMBALO (ca 1450), Clavicembalo, auch Kielflügel. Saiteninstrument mit parallel zu den Saiten angeordneten Tasten; die Saiten werden mit Federkielen angerissen.

CERCAMON, ca 1100, Troubadour, der als einer der ersten Dichter niederen Standes im elitären Bereich höfischen Minnesangs zu Ehren kam.

CERHA, FRIEDRICH, 1926, österr. Komponist (OM KM KIM) u. Dirigent, Gründer u. Leiter des Ensembles „die reihe" u. des elektronischen Studios der Wiener Musikhochschule

CESTI, MARC ANTONIO, 1623–1669, it. Opernkomponist, seit 1666 Vizehofkapellmeister in Wien, wo seine Prunkoper *Il pomo d'oro* großes Aufsehen erregte.

CHACONNE (ca 1685), der Passacaglia verwandtes Instrumentalstück in dreiteiligem Takt mit wiederkehrender Baßmelodie; der Tanztypus, den sie verkörpert, war urspr. in Spanien beheimatet.

CHANSON, 1) ca 1100, 1190, strophisch gegliedertes Lied provenzalischer Herkunft, it.: canzone; 2) ca 1410 u. 1510, polyphone Liedform d. 15. u. 16. Jh.; 3) ca 1880, sentimentales od. heiteres, bisweilen witzig pointiertes, literarisch stilisiertes Lied der Varieté- u. Kabarettsänger, bzw. ihrer Nachfolger in der Schar der Show- u. Schallplattenstars.

CHANSON DE GESTE (ca 1100), „Tatenlied", auch Chanson d'histoire oder Romanze, Versepos der Troubadours und Trouvères *(Chanson de Roland)* oder einfaches erzählendes Gedicht in Liedform.

CHANSON D'HISTOIRE (ca 1190) → Chanson de geste

CHAPEL ROYAL, ca 1460, Kapelle des engl. Königshofs

CHARAKTERSTÜCK (ca 1810), für ein Soloinstrument, meist für Klavier komponiertes musikalisches Stimmungsbild mit genrehaften Zügen, z. B. Schumanns *In der Nacht;* auch die Nocturne (Field, Chopin), die Humoreske und das Impromptu gehören in diese Kategorie; Ansätze finden sich bereits im 18. Jh., vor allem bei Couperin.

CHATSCHATURJAN, ARAM, 1903, armen. Komponist (S, Bt SchM FiM L)

CHEIRONOMIE (ca –610), aus der Frühzeit überlieferte Methode, bei der Leitung eines Chores außer dem Vortragstempo auch die Form der Melodiebewegung durch Handzeichen anzudeuten.

CHERUBINI, LUIGI, 1760–1842, it. Komponist (O Me Mo Ka Gesänge OM KM); seine von Haydn u. Beethoven bewunderte Musik trägt deutliche Merkmale der Wende vom Klassizismus zur Romantik.

CHOPIN, FRÉDÉRIC, 1810–1849, poln. Komponist u. Pianist, schrieb fast ausschließlich KIM u. schuf darin, bes. in der kleinen Form (Tanz, Prélude, Etude, Nocturne), sein eigenes, durch Brillanz u. Subtilität, Tiefe u. Präzision ausgezeichnetes Genre.

CHORAL (ca 1560), einstimmiger Gesang der katholischen Kirche (Ambrosianischer, Gregorianischer, Mozarabischer Gesang); die Bezeichnung wurde im 16. Jh. auf das evangelische Kirchenlied übertragen.

CHORALNOTATION (ca 1200), im weiteren Sinn jede Form der Aufzeichnung des Gregorianischen Gesangs (Chorals), im engeren Sinn die diastematische, jedoch rhythmisch freie Form der gotischen Hufnagelschrift u. der römischen nota quadrata.

CHORALPASSION, seit dem 13. Jh. die von drei Geistlichen im gregorianischen Lektionston rezitierte Passionsgeschichte, seit dem 15. Jh. mit Einleitung u. Schluß, die auch von einem Chor, aber einstimmig, vorgetragen wurden.

CHORGESANG (ca 1770)

CHORLYRIK (ca –660)

CHRÉTIEN DE TROYES, ca 1128–1190, erster Trouvère *(Amours);* seine oft nachgeahmten Versepen sind klassische Beispiele altfrz. Literatur.

CICONIA, JOHANNES, ca 1335–1411, fläm. Komponist (Mo Meßfragmente Ma Bd) u. Musiktheoretiker

CIMAROSA, DOMENICO, 1749–1801, it. Komponist (O Or Ka Gesänge KIM)

CISTER (ca 1395), auch Cither, bis zum 18. Jh. gebräuchliches Zupfinstrument mit bis 14 mehrchörigen Saiten

CLAVICHORD (ca 1365), aus dem Monochord hervorgegangenes Saiteninstrument mit (quer zu den Saiten stehenden) Tasten u. Tangentenmechanik

CLAVIER A LUMIÈRES, 1911, → Farbenklavier

CLEMENTI, MUZIO, 1752–1832, it. Pianist u. Komponist (S KIM vorwiegend virtuosen Stils), lebte seit 1766 mehrmals in London

COLIN MUSET, vor 1200 – ca 1245, Trouvère (Ménestrel)

COLLEGIUM MUSICUM (ca 1600), seit Ende des 16. Jh. in bürgerlichen Liebhaberkreisen verbreitete Form privater Musiziergemeinschaft; eines der ersten war das Musikkollegium Winterthur.

COLLEGIUM TIBICINUM ROMANORUM (ca –430), Vereinigung von tibicines (Flötenspielern) im alten Rom

CONCERTO (ca 1600 u. 1745), Ensemblemusikform, in der mehrere Vokal- und (oder) Instrumentalstimmen solistisch oder in Gruppen in einer Art Wettstreit zusammenwirken (konzertieren), so vor allem um die Wende des 16. Jh.; als rein instrumentale Formen entstanden in der zweiten Hälfte des 17. Jh. das Soloconcerto und das Concerto grosso, in denen das Ensemble mit einem, bzw. mehreren (meist drei) Solisten konfrontiert ist.

CONCERTO GROSSO (ca 1685) → Concerto

CONCERTS DES AMATEURS, Paris 1770, Liebhaberkonzerte

CONCERTS SPIRITUELS, Paris 1725, erstes frz. Konzertunternehmen großen Stils; Vorbild der 1783 gegr. Berliner C. sp.

CONDUCTUS (ca 1190, 1210 u. 1290), „Geleit", ein- bis vierstimmiger Gesang liturgischen Ursprungs (Prozession) ohne Bindung an bestehendes Repertoire.

CONFRÉRIE DE ST. JULIEN DES MÉNESTRIERS, 1321, Zunft der frz. Spielleute

CONGREGAZIONE DELL' ORATORIO, 1551, zum Zweck geistlicher Übungen (Laudengesang) im Betsaal (oratorio) gebildete Gemeinschaft von Priestern und Laien.

CORDIER, BAUDE, ca 1360–1430, frz. Komponist (Bd Ch)

CORELLI, ARCANGELO, 1653–1713, it. Geiger u. Komponist (Concerti grossi, Sonaten)

CORI SPEZZATI (ca 1535), getrennte Chöre

CORNELIUS, PETER, 1824–1874, dt. Komponist (O ChM L, vieles nach eigenen Texten)

CORNU (ca –440), → Horn

COUPERIN, FRANÇOIS, 1668–1733, frz. Komponist (Me, Mo, Ka, Ch, KM, Clavecin-Suite Ordres); stand als Organist, Clavecinist u. Lehrer in hohem Ansehen, geriet aber noch zu Lebzeiten in Vergessenheit und wurde erst in der zweiten Hälfte d. 19. Jh. wiederentdeckt; seine epochale Bedeutung beruht vor allem auf dem künstlerischen Reichtum und der stilistischen Eigenart seiner oft poetisierenden KlM; sein Traktat über die Kunst des Clavecinspiels galt auch J. S. Bach als richtungweisend.

COURT OF MINSTRELS, 1381, engl. Spielmannszunft

CRWTH (ca 530), keltische Leier

CZERNY, CARL, 1791–1857, österr. Pianist, Klavierpädagoge u. Komponist; seine zahlreichen Werke für den Klavierunterricht *(Etüden, Schule der Geläufigkeit)* haben sich bis in die Gegenwart gehalten.

DALLAPICCOLA, LUIGI, 1904–1975, it. Komponist (O, ChM OM KM L)

DASIA-ZEICHEN (ca 860), in Verbindung mit einem Mehrliniensystem nach Art der späteren Schlüssel verwendete Tonbuchstaben

DARGOMYSCHSKIJ, ALEKSANDR, 1813–1869, russ. Komponist (O, OM, L)

DAVID, JOHANN NEPOMUK, 1895, österr. Komponist (S, ChM, OrgM KM)

DEBUSSY, CLAUDE ACHILLE, 1862–1918, frz. Komponist (O Bt ChM OM KM KlM L); schuf eine der impressionistischen Malerei verwandte Musik von subtilem Farbreiz, suggestiver Bildwirkung u. hohem Stimmungsgehalt, wobei er seine anfänglichen romantischen Neigungen völlig überwand und das Phänomen des Klangs in einen neuen, von der Funktionsharmonik unabhängigen musikalischen Zusammenhang rückte; er trat auch als Pianist, Dirigent, Bearbeiter u. Kritiker hervor.

DELIUS, FREDERICK, 1862–1934, engl. Komponist dt. Abstammung (O OM ChM)

DENKMÄLER (ca 1840), wissenschaftl. fundierte Serienpublikation alter Musik mit Beiträgen fast aller europäischen Länder

DESPREZ, JOSQUIN, ca 1450–1521, fläm. Komponist (Me Mo Ch); war Kapellsänger in Mailand u. Rom, später Hofkapellmeister in Ferrara; die technische Vollendung des mehrstimmigen, mit den Mitteln der Imitation durchorganisierten u. homogenisierten A-cappella-Satzes sowie die Kunst hochdifferenzierten Ausdrucks, die den Charakter seiner Musik mitbestimmt, machen ihn zum bedeutendsten Meister der Vokalpolyphonie vor Lassus u. Palestrina.

DESSAU, PAUL, 1894, dt. Komponist (O OM KM FiM L); bekannt vor allem durch seine Brecht-Vertonungen.

DEUTSCHE MESSE (Luther), 1526

DEUTSCHER LIEDERHORT, 1856, Volksliedersammlung von Ludwig Christian Erck

DIAPHONIA (ca 1085), → Organum mit gegenläufigen Stimmen

DIASTEMATIE (ca 910), die Eigenschaft einer Notation, Tonhöhenunterschiede durch entsprechende Abstände der Schriftelemente zu veranschaulichen.

DIETMAR VON AIST, ca 1140 — ca 1170, österr. Minnesänger (erstes Taglied)

DISCANTUS (ca 1120), die zunächst improvisierte obere Gegenstimme zu einem → Cantus (firmus) sowie die zwei- oder mehrstimmige, kontrapunktisch konzipierte Form der Komposition.

DITHYRAMBUS (ca – 660), dem Dionysoskult entstammende Form der Chorlyrik, aus der die attische Tragödie hervorging.

DITTERSDORF, CARL DITTERS VON, 1739–1799, österr. Komponist (O Or Me Ka S KM); die „Operette" *Doktor und Apotheker* sowie einige andere seiner Bühnenwerke sind ein wichtiger Beitrag zur Entwicklung der deutschen komischen Oper.

DIVERTIMENTO (ca 1745), mehrsätziges heiteres Instrumentalstück für kleines oder mittleres Ensemble.

DOLMETSCH, engl. Musiker- u. Instrumentenbauerfamilie Schweizer Abstammung, die viel zur Wiederbelebung alter Musik beitrug; D. Arnold, 1858–1940, Musikforscher; D. Carl, 1911, Blockflötenspieler.

DONATO DE FLORENTIA (DA CASCIA), 14. Jh., einer der ältesten Vertreter der Florentiner Ars nova (Caccie, Bd, Ma)

DONIZETTI, GAETANO, 1797–1848, it. Opernkomponist; die Opera buffa *Don Pasquale* hat sein ehedem berühmtestes Werk, *Lucia di Lammermoor,* eine der meistgespielten Opern überhaupt, um einiges überdauert.

DOWLAND, JOHN, 1562–1626, engl. Lautenist u. Komponist (Lautenmusik u. -arrangements, vierstimmige Gesänge, auch Ps)

DREHLEIER, → Organistrum

DREIKLANGSYSTEM (ca 1722) → Dur-Moll-System

DRESDNER HOFKAPELLE, 1663

DUCTIA (ca 1395), Tanz, der zum Unterschied vom Tanzlied nur instrumental ausgeführt wurde (→ Instrumentalmusik).

DUFAY, GUILLAUME, ca 1400–1474, frz. Komponist (Me Mo Bd Ch); als Musiker von hohem Rang u. Ansehen zeitweilig im Dienst der päpstlichen Kapelle, stand in Italien, Frankreich u. Burgund aber auch mit verschiedenen Fürsten- u. Königshäusern in Verbindung; Zeitgenossen rühmten an seiner Musik vor allem die „frische Konsonanz", die oft schon zur tonalen Harmonik tendiert u. gegenüber den härteren Klängen der Ars nova gewiß ein Novum darstellt; durch die Bereicherung technischer und formaler Mittel (Imitation) hat er zur Entwicklung des Niederländerstils Wesentliches beigetragen.

DUKAS, PAUL, 1865–1935, frz. Komponist (O OM *Der Zauberlehrling* KIM)

DUNSTABLE, JOHN, ca 1380–1453, engl. Komponist (Bd Mo Me); als „canonicus" u. „musicus", aber auch als Mathematiker u. Astronom im Dienst des Herzogs von Bedford, der ihn an den frz. Hof mitnahm; seine klanggesättigte Harmonik u. die melodisch profilierte Form seiner Stimmführung haben den Stil der kontinentalen, bes. der frz. Renaissancemusik in seinen Anfängen stark beeinflußt.

DURANTE, FRANCESCO, 1684–1755, it. Komponist (Me Mo Ps Ma KM)

DUR-MOLL-SYSTEM (ca 1660 u. 1760), die auf harmonische Prinzipien gestützte Tonordnung der Neuzeit, die sich an das mittelalterliche System der → Kirchentöne anschloß und es nach einem langen Prozeß der Konsolidierung im Lauf des 17. Jh. allmählich ablöste; theoretische Arbeiten von Glareanus (Dodekachordon 1547), Zarlino (Istitutione harmonice, 1558) und Kepler (Harmonices mundi, 1619) haben diesen Prozeß entscheidend beeinflußt; die ständige Erweiterung harmonischer Beziehungen (Tonalität) führte im 19. Jh. zur Auflösung des D.-M.-S.

DVOŘAK, ANTONIN, 1841–1904, tschech. Komponist (9 S, 1–4 zunächst unveröffentlicht, 5–9 in falscher chronologischer Folge numeriert, SD, Ko, Rhapsodien, KM L); begann seine musikalische Laufbahn als Bratschist in verschiedenen Orchestern u. erhielt 1875 auf Vorschlag Brahms' ein Staatsstipendium; 1890 Dr. h. c., Cambridge, 1891 Mitglied d. tschech. Akademie; 1892 Direktor des National Conservatory of Music, New York; 1901 Direktor d. Prager Konservatoriums; erzielte bes. in den sinfonischen u. kammermusikalischen Werken ein technisches Niveau u. eine Intensität des Ausdrucks, die ihn zu einem der bedeutendsten Meister an der Wende vom 19. zum 20. Jh. stempeln.

EGK, WERNER, 1901, dt. Komponist (O, OM, KM)

EINEM, GOTTFRIED VON, 1918, österr. Komponist (O OM KM L)

EINSTEIN, ALFRED, 1880–1952, amerikanischer Musikforscher dt. Herkunft

EISLER, HANNS, 1898–1962, dt. Komponist (OM KM SchM, bes. zu Stücken von Brecht, FiM, politische Songs)

EKKEHARD I, ca 910–973, Verfasser von Hymnen u. Sequenzen

EKKEHARD II, ca. 980–1060, wie E.I Angehöriger d. Benediktinerklosters St. Gallen, war 1022–1031 Leiter der Mainzer Schola cantorum.

ELEGEIA (ca –520), Elegie, urspr. jedes Distichon, im weiteren Sinn Klagelied, bes. der griech. Antike, meist mit Aulosbegleitung.

ELEKTRISCHE TONERZEUGUNG (ca 1925)

ELEKTRONISCHE MUSIK (ca 1955), mit Hilfe elektrischer Geräte (Generatoren, Filter, Mischpult, Magnetofon) hergestelltes Material u. die Montage insbes. solcher Klänge, die nicht mit einem herkömmlichen Instrumentarium zu erzielen sind (Sinuston, bestimmte Kombinationen von Mikro- u. anderen Intervallen sowie von Geräuschen usw.). Erste nachhaltige künstlerische Impulse gingen von Kompositionen Berios, Kreneks u. Stockhausens aus.

ELGAR, EDWARD, 1857–1934, engl. Komponist (S Ko Or Ka KM, auch Unterhaltungsmusik); war urspr. Orchestergeiger, dann Organist; Ehrendoktor mehrerer Universitäten, 1904 geadelt; 1924 Master of the King's Music; seine Musik hat ausgeprägte romantische Züge u. erhält durch gelegentliche Anklänge an altengl. Weisen ein gewisses Nationalkolorit.

ELOY, JEAN CLAUDE, 1938, frz. Komponist (OM KM FiM)

ELSNER, JOSEPH XAVER, 1766–1854, poln. Dirigent u. Komponist (O Bt SchM Me Mo Ka S Ko); begründete 1816 das Warschauer Konservatorium.

EPHRAIM (DER SYRER), ca 306–373, Kirchenschriftsteller u. Autor liturg. Gesänge

EPOS (ca –700), urspr. erzählende Dichtung, die mit Begleitung eines Instruments gesungen oder rezitiert wurde (→ Rhapsodie).

ERINNERUNGSMOTIV, 1813, → Leitmotiv

ERKEL, FERENC, 1810–1893, ungar. Opernkomponist, gilt als Schöpfer d. ungar. Nationaloper; auch die ungar. Nationalhymne stammt von ihm.

ESPLA, OSCAR, 1886, span. Komponist (O Bt S KM L)

ESTAMPIE (ca 1230 u. 1320 u. 1390), ein- oder mehrstimmiges Vokal- oder Instrumentalstück in der Form eines Refrainlieds.

ETHOSLEHRE (ca –380), an die kosmologischen Ideen der Pythagoreer u. ihre Auffassung von der zentralen Bedeutung der Zahl anknüpfende Theorie vom sittlichen Wert d. Musik, insbes. bestimmter Tonordnungen; in der klassischen Darstellung Platons bildete sie die Grundlage auch der ma. Musiklehre.

EURIPIDES, ca. –480 — –407, griech. Tragödiendichter *(Alkestis, Medea, Die Herakliden, Die Troerinnen, Elektra, Helena, Iphigenie bei den Tauriern, Orest, Iphigenie in Aulis* u. a.); gilt ungeachtet einiger konventioneller Züge als modernster u. einflußreichster Dramatiker d. Antike; die Chorlyrik hat er in seinen Stücken aus dem inneren Zusammenhang des Dramas herausgelöst.

FABURDEN (ca 1430 u. 1445) → Fauxbourdon

FALLA, MANUEL DE, 1876–1946, span. Komponist (O Bt OM KM L); schuf eine mit Elementen andalusischer Volksmusik durchsetzte, an Debussy u. Ravel orientierte impressionistische Musik spezifisch span. Prägung.

FANCY (ca 1515 u. 1590) → Fantasie

FANTASIE (ca 1520), engl. Fancy, in der freien Improvisation über ein gegebenes Thema (Choral) vorgebildete Instrumentalmusikform mit Variationscharakter; die engl. F. geht auf die instrumentale Ausführung von Motetten zurück (→ Fuge).

FARBENKLAVIER, 1723, von dem frz. Mathematiker C. B. Castel projektierte u. vermutlich von A. Morley in London ausgeführte, mit einem Klavier verbundene Apparatur (Ocular harpsichord, 1757), die beim Anschlag der Tasten ein Aufleuchten farbiger Lämpchen bewirkte; die Idee einer Koordination von Tönen u. Farben ist im 20. Jh. zuerst von Aleksandr Skrjabin wieder aufgegriffen worden, sein Clavier à lumière (1911) konnte sich allerdings ebensowenig durchsetzen wie das Farblichtklavier A. Lászlos (1925).

FARBKLANG (ca 1885), Klangverbindung, die kraft dissonanter Spannung selbständigen Farbwert gewinnt; in der Musik des späten 19. Jh. (Debussy) sind solche Kombinationen noch durch eine lockere Beziehung an die tonale Harmonik charakterisiert (harmonikaler F.).

FARBLICHTKLAVIER, 1925 → Farbenklavier

FASCH, JOHANN FRIEDRICH, 1688–1758, dt. Komponist (O Me Mo Ko KM); sein Sohn Carl Friedrich gründete die Berliner Singakademie.

FAURÉ, GABRIEL, 1845–1924, frz. Komponist (O SchM ChM KM KIM L); obgleich seine Harmonik ausgeprägte romantische Züge aufweist, hielt er stets an der Tradition der Klassik fest; als gesuchter Lehrer – 1905–1925 war er Direktor des Pariser Konservatoriums – hatte er starken Einfluß auf die frz. Musik der Jahrhundertwende.

FAUXBOURDON (ca 1430), engl. Faburden, eine zunächst improvisierte Form mehrstimmigen Gesangs, bei der die Oberstimme mit parallel laufenden Quarten und Sexten verbunden ist.

FAYRFAX, ROBERT, 1464–1521, engl. Komponist (Me Mo ChM)

FÉTIS, FRANÇOIS-JOSEPH, 1784–1871, belg. Musikgelehrter; gilt als Begründer der Musikethnologie, lieferte wichtige Beiträge zur Musikgeschichte und zum Wesen der Harmonie (Tonalitätsbegriff).

FIDEL (ca 1390) → Vielle

FIDULA (ca 900) → Vielle

FIEDEL (ca 1260), → Vielle

FIELD, JOHN, 1782–1837, irischer Pianist u. Komponist, schrieb hauptsächlich für Klavier u. gilt als Erfinder der Nocturne.

FINK, HEINRICH, ca 1445–1527, dt. Komponist (Me mehrstimmige L, Instrumentalsätze)

FITZWILLIAM-VIRGINAL-BOOK, 1625, Sammlung engl. Klaviermusik

FLORENTIA, DONATO DE, ca 1330–1385, it. Madrigalkomponist

FLORENTINER CAMERATA, 1582, nach dem Vorbild der Akademien im Haus des Grafen Bardi gebildeter Kreis von Gelehrten, Dichtern u. Musikern, die im Sinn allgemeiner humanistischer Bestrebungen eine Erneuerung antiker Ausdrucksformen suchten und in der Form des begleiteten Sologesangs (Monodie) die Grundlage für die Entwicklung der Oper schufen.

FLÖTE (ca 1385) → Tibia, Pfeife

FOLTZ, HANS, ca 1450–1515, dt. Meistersänger, verhalf der Zunft durch Reformen zu neuem Auftrieb.

FORKEL, JOHANN NIKOLAUS, 1749–1818, dt. Musikforscher, bedeutender Historiograf *(Allgemeine Geschichte der Musik)*

FORTNER, WOLFGANG, 1907, dt. Komponist (OM KM SchM Bt O ChM)

FOXTROTT (ca 1935), amerik. Gesellschaftstanz im $^4/_4$-Takt, wurde Anfang der zwanziger Jahre einer der beliebtesten Modetänze.

FRANCK, CÉSAR, 1822–1890, frz. Komponist dt. Abstammung (O Or S SD KM KIM OrgM)

FRANCO VON KÖLN, ca 1200–1247, dt. Musiktheoretiker (wichtige Traktate zur Mensuralnotation)

FRESCOBALDI, GIRALOMO, 1583–1643, it. Organist u. Komponist (Me Ma Kanzonen Tokkaten Ricercari); durch Strenge d. kontrapunktischen Satzes u. Klarheit d. Ausdrucks haben vor allem seine Instrumentalwerke Schule gemacht.

FRICKER, PETER RACINE, 1920, engl. Komponist (O S Ka L KIM)

FROBERGER, JOHANN JAKOB, 1616–1667, dt. Organist u. Komponist (Tokkaten, Kanzonen, Ricercari, Fantasien, Suiten); die formale Anlage der Klaviersuite wird auf ihn zurückgeführt.

FUGE (ca 1685), strenge Form mehrstimmigen kontrapunktisch durchgearbeiteten Satzes; die gleichfalls als Fugen bezeichneten Vorformen des Kanons, des Ricercars u. der Fantasie haben das Prinzip der Imitation mit ihr gemein.

FUX, JOHANN JOSEPH, 1660–1741, österr. Organist u. Komponist (O Or Me Ps OM KIM); von großem und nachhaltigem Einfluß war seine Kontrapunktlehre *Gradus ad Parnassum.*

GABRIELI, ANDREA, ca 1510–1586, it. Komponist (Me Mo Ma Kanzonen, Ricercari Ko); 1536 Kapellsänger, seit 1564 Organist an der Markuskirche in Venedig; führender Geist der Venezianischen Schule; bereitete in der mehrchörigen Anlage seiner Sakralwerke u. in farbiger, kontrastreicher Harmonik mit starker Dur-Moll-Tendenz die Wende zu barocker Formdynamik u. Klangpracht vor.

GABRIELI, GIOVANNI, 1557–1613, Neffe von Andrea G., it. Komponist (Mo Ma Ko Kz OM u. mehrst. Solosonaten); erlangte epochale Bedeutung durch die Ausbildung eines spezifischen Instrumentalsatzes (Canzon da sonar = Sonate) mit obligater Besetzung, nahm aber auch in seiner Vokalmusik verschiedene Errungenschaften des folgenden Zeitalters (Monodie, erhöhte Ausdruckskraft) vorweg.

GACE BRULÉ, ca 1159 – nach 1212, Trouvère

GAFFORI, FRANCHINO, 1451–1522, it. Komponist (Me Mo Hy) u. Musiktheoretiker (wichtige Beiträge zur Erkenntnis tonal-harmonischer Prinzipien).

GAGLIARDE (ca 1610), rascher ungeradtaktiger Tanz it. od. frz. Herkunft

GALILEI, VINCENZO, ca 1520–1591, it. Komponist u. Musiktheoretiker (Vater d. Physikers Galileo G.); Mitglied der Florentiner Camerata.

GALLIKANISCHER GESANG (ca 300); Gesang der altgallikanischen Kirche; ein dem Ambrosianischen Gesang verwandter Typus liturgischer Musik, der auf einen gemeinsamen Ursprung im frühchristlichen Gesang zurückgeführt wird.

GASSMANN, FLORIAN, 1729–1774, böhm. Komponist (O Ka OM KM); 1772 Wiener Hofkapellmeister.

GAUCELM FAIDIT, ca 1170 — vor 1240, Troubadour (unter vielen Liedern das berühmte Klagelied auf den Tod von Richard Löwenherz *Fortz cauza es que tot lo major dan).*

GAY, JOHN, 1685–1732, engl. Dichter, schuf in *The Beggar's Opera,* einer Parodie auf die it. Opera seria, das Genre der Ballad Opera, indem er seine Texte bekannten Melodien unterlegte.

GEIGE, GEIGENBAU (ca 1550), → Violine

GEISSLERLIEDER (ca 1350), die unter dem Eindruck der Pest u. ihrer Folgen entstandenen, von Weltuntergangsstimmung erfüllten, meist von Tänzen begleiteten Gesänge der Flagellanten; nur wenige sind überliefert.

GENERALBASS (ca 1625), it. basso continuo, Baßstimme bes. für Orgel oder Cembalo, in der Ziffern über oder unter den Noten das harmonische Gerüst zunächst der zu improvisierenden Gesangbegleitung, später auch anderer instrumentaler Füllstimmen andeuteten; die Generalbaßpraxis war eine kompositionstechnische Konsequenz der → Monodie, verbreitete sich mit ihr und verschwand mit ihr im Lauf des 18. Jh., das deshalb zum Generalbaßzeitalter erklärt wurde.

GERÄUSCHINSTRUMENTE (ca 1900)

GERBERT, MARTIN, 1720–1793, dt. Theologe u. Musikforscher (Mittelalter)

GESAMTAUSGABEN: Haydn 1800, Mozart 1800, Bach 1850, Beethoven 1863, Purcell 1878, Chopin 1878, Schütz 1885, Schubert 1888, Rameau 1895, Palestrina 1862, Brahms 1926, Bruckner 1930, Tschaikowskij 1946, Dvorak 1955, Mahler 1960, Schönberg 1966.

GESANGVIRTUOSENTUM (ca 1670 u. 1705)

GESUALDO, DON CARLO, Fürst von Venosa, ca 1660–1713, it. Madrigalkomponist; erzielte durch gewagte Klangverbindungen eine für die Musik seiner Zeit außergewöhnliche emotionelle Spannung.

GEWANDHAUSKONZERTE, Leipzig 1781, → Konzert

GEYSTLICHES GESANCK-BÜCHLEIN (Luther), 1524

GHEDINI, FEDERICO, 1892–1965, it. Komponist (O Me S KM KIM L)

GHERARDELLO DE FLORENTIA, 14. Jh., einer der bedeutendsten Vertreter der Florentiner Ars nova (Ma Caccie Bd).

GIBBONS, ORLANDO, 1583–1625, engl. Komponist (Ma Mo Anth Virginalmusik), auch Organist u. Virginalist von hohem Rang.

GIOVANNI DA CASCIA (Johannes de Florentia), 14. Jh., einer der ersten it. Komponisten, die in der ersten Hälfte des Trecento durch ihre Neuerungen Geschichte gemacht haben (Ma Caccie).

GIUSTINIANI, LEONARDO, ca 1388–1446, it. Staatsmann, Humanist von hohem Rang; schrieb einstg., instrumentalbegleitete Canzonen, die so beliebt waren, daß sie oft nachgeahmt und ohne Rücksicht auf ihre Authentizität als „Giustiniane" bezeichnet wurden.

GLAREANUS (HEINRICH LORITI), 1488–1563, Schweizer Gelehrter (Humanist, Freund Erasmus') und Musiktheoretiker; sein *Dodekachordon* ist ein Versuch, durch Erweiterung der Kirchentöne von 8 auf 12 die antike Tonartenlehre zu erneuern, erwies sich jedoch als wichtiger Ansatz zur theoretischen Fundierung des Dur-Moll-Systems.

GLASUNOW, ALEKSANDR, 1865–1936, russ. Komponist (S KM Ko ChM KIM)

GLEE (ca 1775), „Unterhaltung", engl. Chorlied, in der Regel für Männerstimmen; wurde vor allem in den Glee-clubs gepflegt.

GLEICHSCHWEBENDE TEMPERATUR, 1691, die von Andreas Werckmeister durchgesetzte „temperierte" Stimmung, die auf einer Unterteilung der Oktave in 12 gleichgroße Halbtöne beruht und dadurch die beim Instrumentalspiel sonst störenden Abweichungen von der reinen Stimmung ausschließt.

GLINKA, MICHAIL, 1804–1857, russ. Komponist (O ChM OM KM KIM L); gilt als Vater der russ. Kunstmusik; bereiste Italien, Deutschland u. Spanien, um sich mit dem damaligen Stand d. Kompositionstechnik vertraut zu machen.

GLOCKENSPIEL (ca 950, 1380), kleine Glocken verschiedener Tonhöhe, in Rahmen hängend; seit dem späten Mittelalter auch als Turmgeläut.

GLOGAUER LIEDERBUCH, ca 1480, drei Stimmbücher mit lat. u. dt. Gesängen sowie mehreren Instrumentalsätzen.

GLUCK, CHRISTOPH WILLIBALD, 1714–1787, dt. Komponist; ließ sich nach vielen Reisen 1752 in Wien nieder, wo ihm 1774 der Titel eines K. K. Hofkompositeurs verliehen wurde; er schrieb nur wenig Musik für andere als Zwecke des Theaters, dafür aber rund 100 Opern, von denen allerdings nur ungefähr halb so viele überliefert sind; *Orfeo ed Euridice* und *Alceste,* die bekanntesten, gehören zu den 6 sogenannten Reformopern, in denen Gl. das Wort über die Musik, die Wahrhaftigkeit des Ausdrucks über den Belcanto u. die dramat. Wirkung über den Anspruch der Form stellte; er wandte sich damit gegen die Tradition der it. Barockoper, in der er aufgewachsen war, u. die er auch in anderen Werken seiner Reifezeit pflegte.

GOMBERT, NICOLAS, gegen Ende d. 15. Jh. –1556, fläm. Komponist (Mo Me Ch)

GOUDIMEL, CLAUDE, 1514–1572, frz. Komponist (Me Mo Ch)

GOUNOD, CHARLES, 1818–1893, frz. Komponist (O S KM SM); *Faust* (dt.: *Margarete)* gehörte einst zu den meistgespielten Opern.

GRAUN, CARL HEINRICH, 1703–1759, dt. Komponist (Me Mo Ka KIM KM O); Kapellmeister am Hof Friedrichs II.; eröffnete 1742 das Berliner Opernhaus mit seiner Oper *Cesare e Cleopatra.*

GREGORIANISCHER GESANG (ca 520 u. 1000), nach Papst Gregor dem Großen benannter Gesang (Psalmodie, Antiphonal-, Responsorial- u. Hymnengesang) d. römischen Liturgie.

GRÉTRY, ANDRÉ, 1741–1813, belg. Komponist (O SM KM); studierte in Italien u. lebte seit 1767 in Paris; seine Opern haben die Gattung der frz. Opéra comique um einige typisch frz. Züge bereichert, aber auch auf die dt. klassische und romantische Oper eingewirkt.

GRIEG, EDWARD, 1845–1907, norw. Komponist (OM KM ChM L KIM); studierte in Deutschland, empfing aber die für den Stil seiner Musik entscheidenden Eindrücke von der norw. Volksmusik, der er auch durch viele seiner Bearbeitungen eng verbunden war.

GROCHEO, JOHANNES DE, ca 1300, Musiktheoretiker, wirkte in Paris.

GROUPE DE RECHERCHES DE MUSIQUE CONCRÈTE, Paris 1958, eine beim frz. Rundfunk seit 1951 bestehende, später reorganisierte Arbeitsgemeinschaft für Experimentalmusik; Leiter: Pierre Schaeffer.

GUIDONISCHE HAND (ca 1065) aus der Solmisationslehre hervorgegangenes System von Handzeichen, bes. für den Gesangunterricht (→ Cheironomie), nach Guido von Arezzo benannt.

GUIDO VON AREZZO, ca 992–1050, it. Musiktheoretiker, reformierte die Notenschrift durch Einführung eines Systems von Linien im Terzabstand u. schuf damit die Grundlage des späteren Fünfliniensystems; seine Methode des Blattsingens mit Hilfe von Tonsilben (→ Versus memorialis) bildet den Kern der späteren Solmisationslehre; der *Micrologus* ist eine zusammenfassende Darstellung der Musiktheorie seiner Zeit.

GUIRAUT RIQUIER, ca 1220–1292, der „letzte" Troubadour

GURLITT, WILIBALD, 1889–1963, dt. Musikforscher; machte sich um die Wiederbelebung alter, bes. mittelalterl. Musik verdient.

GUY DE COUCY, ca 1150–1203, Trouvère

HÁBA, ALOIS, 1893–1973, tschech. Komponist (O OM KM KIM); vielen seiner Kompositionen liegt das Viertel- oder Sechsteltonsystem zugrunde, das er sich auch als Theoretiker und Pädagoge durchzusetzen bemühte.

HALFFTER, CRISTOBAL, 1930, span. Komponist (O Bt OM ChM KM Ka EM)

HÄNDEL, GEORG FRIEDRICH, 1685–1759, Komponist; studierte in seiner Geburtsstadt Halle, hielt sich 1707–10 in Italien auf, wurde nachher Hannoveranischer Hofkapellmeister und lebte seit 1711 mit Unterbrechungen in London; für London schrieb er bis zur endgültigen Aufgabe seiner mehrmals gefährdeten Opernunternehmungen (1740) die meisten seiner 40 Opern; in dieser Zeit entstand aber auch der größte Teil seiner Instrumentalwerke (Concerti grossi, Cembalo-, bzw. Orgelkonzerte, Klaviersuiten); danach folgte die Reihe der großen Oratorien; H.'s Musik ist in der italienischen Tradition des 17. Jh. verwurzelt, in ihrer großen Kraft und Fülle zugleich aber auch ihre stolzeste Krönung.

HANDSCHIN, JACQUES, 1886–1955, Schweizer Musikforscher; bedeutender Mediaevist

HANDTROMMEL (ca 300)

HARFE (–1000, 970, 1390, 1720), eines der ältesten Zupfinstrumente, wie die Leier orientalischen Ursprungs; verschiedene Formen (Winkel- und Bogen-H.); im 18. Jh. zur Pedalharfe ausgebaut.

HARMONIK 1) (ca –300), die Theorie der „Harmoniker" aus der Schule des Aristoxenos, die zum Unterschied von der Kanonik, dem vom Kanon (Monochord) abgeleiteten, arithmetisch fundierten Tonsystem der Pythagoreer, auf den Erfahrungen des Ohrs aufgebaut war; 2) (ca 1720), → Dur-Moll-System, Obertöne, Alterationsharmonik.

HASSE, JOHANN ADOLF, 1699–1783, dt. Komponist (O Or Me Ps Mo Ko KM Cembalosonaten)

HASSLER, HANS LEO, 1564–1612, dt. Organist u. Komponist (Me Mo Ma Kz)

HAUBENSTOCK-RAMATI, ROMAN, 1919, österr. Komponist polnischer Herkunft (O OM KM EM Musikalische Grafik)

HAUER, JOSEPH MATTHIAS, 1883–1959, österr. Komponist (O Ka L OM KM); er entwickelte, unabhängig von A. Schönberg, ein eigenes Zwölftonsystem.

HAYDN, JOHANN MICHAEL, 1737–1806, Bruder von Joseph H., österr. Komponist (Me Or Ka S L)

HAYDN, JOSEPH, 1732–1809, österr. Komponist, 1740–45 Chorsänger der Wiener Stephanskirche, 1759 Musikdirektor des Grafen Morzin, seit 1769 Kapellmeister am Hof des Fürsten Esterházy; 1791/92 u. 1794/95 konzertierte H. mit großem Erfolg in London, wobei er u. a. je 6 von den letzten der insgesamt 104 katalogisierten Sinfonien aufführte; er komponierte außerdem 59 Divertimenti, 48 Instrumentalkonzerte, 83 Streichquartette, 199 Trios, 52 Klaviersonaten, 14 Messen, Kantaten, Chorwerke, 2 Oratorien, 24 Opern u. a.; eines der wichtigsten Attribute seiner Klassizität ist die zuerst in den Streichquartetten von 1781 am weitesten vorangetriebene geistige Durchdringung der Sonatensatzform in den thematischen Zusammenhängen des Durchführungsteils.

HEILLER, ANTON, 1923, österr. Komponist (Me Mo Sonaten u. Partiten f. Orgel u. a.)

HEINRICH VON MEISSEN (Frauenlob), ca 1260–1318, dt. Minnesänger (L Sprüche); soll in Mainz die erste Meistersingerschule gegründet haben.

HEINRICH VON MORUNGEN, vor 1200–1222, dt. Minnesänger, neben Walther der bedeutendste, obgleich er sich eng an die Troubadourlyrik anschloß.

HEISS, HERMANN, 1897–1966, dt. Komponist (OM KM ChM L EM)

HENZE, HANS WERNER, 1926, dt. Komponist (O Bt S Ko KM L)

HEPTATONIK (ca –800), Siebentonsystem, variable Ordnung von sieben Ganz- und Halbtönen, wie sie auch der heutigen diatonischen Tonleiter zugrundeliegt; Chromatik u. die mit irrationalen kleinsten Intervallen durchsetzte Enharmonik der griech. Musik sind Vorformen, bzw. Varianten dieses Systems.

HERMANNUS CONTRACTUS, 1013–1054, Benediktinermönch; regte eine Verbesserung d. Notenschrift durch Intervallbuchstaben an u. schrieb Sequenzen sowie Marienantiphone *(Alma redemptoris mater).*

HESIOD, ca –700, griech. Rhapsode, Dichter u. Philosoph

HEXACHORDSYSTEM, (ca 1045), drei um je einen zentralen Halbton gruppierte Sechstonreihen (Hexachorde), die verschiedene, für die ma. Musik charakteristische Ausschnitte aus der diatonischen Skala darstellen: C-D-E – F-G-A / F-G-A – B-C-D / G-A-H – C-D-E; die dafür verwendeten Tonsilben ut-re-mi – fa-sol-la dienten nur der Unterscheidung relativer Tonhöhen, bzw. der Lage der Ganz- u. Halbtonstufen, und hatten daher unabhängig von den absoluten Tonhöhen für alle drei Hexachorde dieselbe Bedeutung.

HILARIUS, Bischof von Poitiers, ca 315–367, Verfasser der ersten lat. Hymnen.

HILLER, JOHANN ADAM, 1728–1804, dt. Komponist (Ssp L)

HINDEMITH, PAUL, 1895–1963, dt. Komponist, studierte in Frankfurt am Main u. war zunächst Geiger, später Bratschist, 1927–1937 Kompositionslehrer an der Berliner Musikhochschule; 1938 emigrierte er über die Schweiz nach Amerika, unterrichtete von

1940–53 an der Yale University u. kehrte Anfang der fünfziger Jahre in die Schweiz zurück; seine Musik (alle Gattungen) nahm nach atonalen Anfängen den Charakter einer individuell modifizierten Tonalität an; ihr Einfluß auf die jüngeren Komponisten war auch in der Zeit zwischen den zwei Weltkriegen sehr stark.

HISTRIONEN (ca –100, ca 100), altröm. Schauspieler, meist Sklaven (→ Joculator)

HOFFMANN, ERNST THEODOR AMADEUS, 1776 bis 1822, dt. Dichter, Zeichner u. Komponist (Ssp O SchM OM KM)

HOFHAYMER, PAUL, 1459–1537, österr. Organist u. Komponist (Orgelbearbeitungen mehrstimmiger Liedsätze); wirkte als hochberühmter Meister (auch Lehrmeister) in Innsbruck, Passau, München u. Salzburg (Domorganist) u. wurde von Kaiser Maximilian I. geadelt.

HOFKAPELLE (ca 1492, Wien), wie andere H. (London) nach dem Vorbild der röm. Schola cantorum organisierte Sängerkollegien, denen vor allem die Pflege der Kirchenmusik anvertraut war; seit dem 15. Jh. gehörten auch Instrumentalisten dazu.

HOFMUSIK (ca 950, ca 1480)

HOKETUS, → Hoquetus

HOLST, GUSTAVE THEODORE, 1874–1934, engl. Komponist (O Ko ChM S KM)

HOLZBAUER, IGNAZ, 1711–1783, österr. Komponist, 1750–78 Hofkapellmeister in Mannheim (O S Ko KM)

HOMEROS, ca –800, sagenhafter griech. Epiker *(Ilias, Odysee),* vielleicht auch Hymnendichter *(Apollon-Hymnos);* Prototyp des wandernden Rhapsoden.

HONEGGER, ARTHUR, 1892–1955, Schweizer Komponist (O o Bt Or S ChM KM SchM FuM FiM)

HOQUETUS (ca 1210 u. 1330), ein Satz oder Stück, in dem zwei Stimmen derart mit Pausen durchsetzt sind, daß jede Pause der einen mit einem Ton der anderen zusammentrifft und beide sich dadurch in beständigem raschem Wechsel zu einer lockeren Einheit fügen.

HORN (ca –1000, 1375), lat cornu od. bucina, wie die zunächst ähnliche Trompete eines der ältesten Blasinstrumente, aus dem Tierhorn entstanden u. oft als Signalinstrument verwendet (Wald-, Jagd-H.); im 19. Jd. mit Ventilen ausgestattet.

HORNBOSTEL, ERICH MORITZ VON, 1877–1935, österr. Musikforscher (grundlegende Arbeiten zur Musikethnologie)

HUCBALD, ca 840–930, Musiktheoretiker, lehrte an den Sängerschulen verschiedener nordfrz. Klöster.

HUFNAGELSCHRIFT, (ca 1220), → Choralnotation

HUMPERDINCK, ENGELBERT, 1854–1921, dt. Komponist; wurde vor allem durch seine Märchenoper *Hänsel und Gretel* bekannt, die jahrzehntelang zu den dankbarsten Repertoirestücken zählte.

HYDRAULIS (ca –270), Wasserorgel

HYMNODIE (ca –950), Hymnenvortrag

HYMNOS (ca –950), Hymnus, Hymne, urspr. strophisch gegliederte Dichtung d. griech. Altertums (Fest- od. Loblied); die ältesten Hymnen d. christl. Liturgie: Gloria, Sanctus, Te Deum.

IAMBOS (ca –550), solistisch vorgetragenes lyrisches Gedicht mit Aulosbegleitung

IBERT, JACQUES, 1890–1962, frz. Komponist (O S SD Ko KM L KIM OrgM)

IDÉE FIXE, (1830), → Leitmotiv

IMITATION (ca 1410), Nachahmung, mehr oder weniger genaue Wiederholung einer Melodie, eines Themas oder eines Motivs in einer oder mehreren zusätzlichen Stimmen; strengste Form der Imitation ist der Kanon.

D'INDY, VINCENT, 1851–1931, frz. Komponist (O S SD KM KIM L ChM Volksliedbearbeitungen)

INGENIERI, MARC ANTONIO, ca 1545–1592, it. Komponist (Me Ma Kz Hy)

INSTRUMENTALMUSIK (ca 1390); Musik ohne Gesang, seit dem christl. Altertum für eine Ausdrucksform heidnischen Geistes gehalten, war bis zum 15. Jh. vor allem Tanzmusik; erst die Durchschlagskraft instrumentaler Tanzmusikformen (Ductia, Saltarello) und die Möglichkeit der Transkription mehrstimmigen Gesangs für ein verbessertes Instrumentarium, besonders die Orgel (Tabulatur), lieferte die Voraussetzung für die Entwicklung der I. zu einer selbständigen Kategorie der Kunstmusik.

INSTRUMENTALVIRTUOSENTUM (ca 1710)

INSTRUMENTATION (ca 1645, 1760 u. 1850), Differenzierung des musikalischen Satzes durch die Koordination verschiedener Elemente (Stimmen) mit dem Klang verschiedener Instrumente; bis um 1600 gab es dafür keine Vorschrift; die Entwicklung der Instrumentationstechnik ging mit der technischen Entwicklung der Instrumente und des Instrumentalspiels Hand in Hand, wobei es auch, den jeweiligen Stiltendenzen gemäß, zunächst um sinnfällige Kontrastwirkungen ging (Barock), dann um die klare Kontur des Satzbildes und seine Transparenz (Klassik) und schließlich um das Kolorit; dabei ist das Instrumentarium immer größer und die Technik der I. immer komplizierter geworden.

INTERNATIONALE GESELLSCHAFT FÜR NEUE MUSIK, 1922

INTERVALLZEICHEN (ca 1030)

INTONARUMORI, 1913, von Luigi → Russolo erfundene Geräuschinstrumente

ISAAC, HEINRICH, ca 1440–1517, fläm. Komponist von bedeutendem Ausdrucksvermögen, vielseitigem Können u. großer stilistischer Beweglichkeit (Me Mo Ch, it. Frottole, dt. L); wirkte auch als Organist in Florenz, Wien (Hofkomponist Maximilians I.), Innsbruck, Konstanz.

ISORHYTHMIE (ca 1330), ein Prinzip der Motettenkomposition, wonach aufeinanderfolgende Teile dasselbe rhythmische, nicht aber dasselbe melodische u. harmonische Gefüge haben.

JACOBUS LEODIENSIS, ca 1260 – vor 1330, fläm. Musiktheoretiker konservativer Haltung

JACOPO DA BOLOGNA, Mitte d. 14. Jh., einer der namhaftesten u. vielseitigsten Komponisten an der Wende zwischen Ars antiqua und Ars nova (Ma, Mo, Caccie).

JACOPONE DA TODI, ca 1230–1306, it. Laudendichter.

JANAČEK, LEOŠ, 1854–1928, tschech. Komponist (O OM ChM KM KIM, Volkstanzbearbeitungen,

Volksliedersammlungen); die Volksmusik seiner mährischen Heimat und das Melos der tschech. Sprache, das J. lange u. gründlich studiert hatte, haben die idiomatische Eigenart seiner Musik in hohem Maß mitbestimmt; unkonventionell wie bei der Wahl solcher Materialgrundlagen verfuhr er immer aber auch mit seinen Ausdrucks- u. Stilmitteln.

JANEQUIN, CLÉMENT, ca 1480–1560, frz. Komponist (Me Mo Ch); seine Domäne waren das weltliche Chanson und die illustrative Instrumentalmusik *(La bataille de Marignan, Chant des oiseaux).*

JAUFRE RUDEL, 1. Hälfte d. 12. Jh., Troubadour

JAZZ (ca 1925), um die Jh.-Wende in New Orleans entstandene Form improvisatorischen Musizierens auf der Grundlage afroamerikanischer Volksmusiktradition; mit europäischen Elementen vermischt, hat sich der J. in den zwanziger Jahren vor allem in verschiedenen Spielformen der Unterhaltungs- und Tanzmusik auch in Europa rasch verbreitet; sein Einfluß auf die Kunstmusik (Strawinsky, Milhaud, Krenek, Hindemith) schwächte sich später ab; der seit 1950 verbreitete Modern Jazz hat dagegen in erhöhtem Maß Elemente der Kunstmusik in sich aufgenommen.

JAZZFESTE: Paris 1918, Frankfurt/Main 1953

JELINEK, HANNS, 1901–1969, österr. Komponist (S KM KIM L FiM)

JENAER LIEDERHANDSCHRIFT, ca 1350

JEU PARTI (ca 1180 u. 1200), dialogisches Streitlied der Troubadours u. Trouvères

JOCULATOR (ca –100, ca 100), „Spaßmacher" im alten Rom; joculatores waren, wie histriones und mimi, meist Sklaven od. Freigelassene und wie jene oft auch Spielleute im weiteren Sinn (Akrobaten, Zauberkünstler, Musikanten), also Vorläufer der ma. Jongleurs und Vaganten.

JOHANNES AFFLIGEMENSIS, ca 1100, flandr. Musiktheoretiker; sein Traktat *De arte musica* enthält u. a. eine Beschreibung der Diaphonie.

JOHANNES DAMASCENUS, ca 675 – ca 750, einflußreicher griech. Kirchenlehrer, verfaßte die Gesänge des griech. ostkirchl. Sonntagoffiziums.

JOHANNES DE GARLANDIA, ca 1190 — ca 1272, engl. Musiktheoretiker, beschrieb das Mensuralsystem.

JOHANNES DE GROCHEO, ca 1270 – nach 1300, Musiktheoretiker, vermutlich aus Paris; sein Traktat *De musica* ist ein Kompendium der Theorie und Praxis seiner Zeit.

JOHANNES DE MURIS, ca 1290 – nach 1351, frz. Musiktheoretiker, Mathematiker u. Astronom; seine Schrift *Ars nove musice* ist eine grundlegende Darstellung der Ars nova-Praxis.

JOLIVET, ANDRÉ, 1905, frz. Komponist (O Bt S Ko KM SchM)

JOMELLI, NICOLO, 1714–1774, it. Komponist (O Or Me Ps SM)

JONGLEUR (ca 1140), („fahrender") Spielmann, frz. Nachfolger des römischen → joculators.

JUGENDMUSIK (ca 1915), die nach der Jahrhundertwende von der Jugendbewegung (Wandervogel- und anderen organisierten Gruppen) in demonstrativer Abkehr von den Formen spätbürgerlicher Zivilisation praktizierte, auf das Volkslied, den Volkstanz u. technisch anspruchsloses Instrumentalspiel beschränkte Laienmusik.

KABALEVSKIJ, DIMITRIJ, 1904, russischer Komponist (O S KM L SchM FiM FuM); in leitenden Positionen d. sowjetischen Kunstorganisation tätig.

KAGEL, MAURICIO, 1931, argentinischer Komponist (EM, Musique concrète KM f. konventionelle u. nichtkonventionelle Instrumente, Schallkompositionen f. Instrumente aller Art, Bühnenwerke, Filme).

KALLINOS, ca –650, griech. Elegiker

KAMMER- (ca 1685) **U. KIRCHENKANTATE** (ca 1690), → Kantate

KANON (ca 1355), zwei- oder mehrstimmige Vokal- oder Instrumentalkomposition, deren Stimmen identisch oder fast identisch sind und in bestimmten Abständen nacheinander einsetzen (strenge Imitation); der Typus ist stets derselbe, die Form variiert.

KANONIKER (ca –300), → Harmonik

KANTATE (ca 1625), instrumental eingekleidete mehrteilige Vokalmusik, urspr. eine Folge von Sologesängen (Arien), die später durch Chorpartien erweitert wurde.

KANZONE → Chanson

KANZONETTE (ca 1565), kurzes, rhythmisch betontes Lied it. Herkunft in raschem Tempo

KERLL, JOHANN KASPAR, 1627–1693, dt. Organist u. Komponist (O Me OrgM KIM)

KIESEWETTER, RAPHAEL GEORG, 1773–1850, österr. Musikforscher (MA u. Renaissance)

KING'S BAND (London), 1660, engl. Hofkapelle

KIRCHENTÖNE (ca 800, 1040, 1275, 1470 u. 1560), ein aus dem Repertoire des Gregorianischen Gesangs abgeleitetes, im 9. Jh. theoretisch untermauertes System von acht (vier authentischen u. vier plagalen) Tonarten, deren Schema u. Benennung (dorisch, phrygisch, lydisch, mixolydisch) im griech. Tonsystem vorgebildet sind.

KITHARA, KITHARIS (7saitige, ca –690; 11saitige, ca –390), auch Phorminx, leierähnliches Zupfinstrument der Griechen; flacher, in zwei parallelen Jocharmen gegabelter Schallkörper.

KITHARISTIK (ca –700), solistisches Kitharaspiel

KITHARODIE (ca –530), Gesang zur Kithara

KLANGFARBENMELODIE, 1911, von Schönberg geprägter Terminus für die Zusammensetzung verschiedener Instrumentalklangfarben nach dem Prinzip eines geordneten, der melodischen Tonfolge ähnlichen Ablaufs.

KLAVIER (ca 1610 u. 1710), → Tasteninstrument; das Wort, eine Kurzform von Clavicembalo, wurde bis ins 18. Jh. auch für andere Tasteninstrumente (Orgel) gebraucht; die erste K.-Erzeugung großen Stils war um 1600 die von Ruckers in Antwerpen; die ersten K. mit Hammermechanik (Hammerklavier, Pianoforte) baute hundert Jahre später Cristofori in Florenz.

KLAVIZYMBEL (ca 1395), ein zum Tasteninstrument ausgebautes → Psalterium

KLEBE, GISELHER, 1925, dt. Komponist (O Bt OM KM)

KODÁLY, ZOLTÁN, 1882–1967, ung. Komponist (O OM ChM KM KIM, Volksliedbearbeitungen); seit 1907 Kompositionslehrer an der Budapester Musikhochschule, später Präsident oder Ehrenpräsident mehrerer internationaler Vereinigungen sowie dreifacher Ehrendoktor; seine enge Beziehung zur ung. Volksmusik dokumentiert sich in einer großen Anzahl grundlegender folkloristischer Arbeiten ebenso deutlich wie in der betont nationalen Haltung seiner Kompositionen, schmälert jedoch keineswegs ihre modernistische Tendenz und internationale Ausstrahlung.

KOMÖDIE (ca –410)

KONTRAFAKTUR (ca 1165), Nach- od. Umdichtung, Text (oft religiösen Inhalts) zur Melodie eines bekannten (weltlichen) Lieds; im MA weit verbreitet.

KONTRAPUNKT (strenger) (ca 1405), an das Prinzip einfacher Gegenbewegung (gleichzeitiger Stimmenfortschreitung in konsonanten Intervallen) anknüpfende Technik des polyphonen Satzes mit selbständigen Stimmen; sie stützt sich auf bestimmte, erstmals von Johannes Tinctoris zusammengefaßte Regeln auch für den Dissonanzgebrauch und war in dieser kodifizierten Form grundlegend für die Kompositionskunst der ganzen Epoche; ihr geistiger Impuls wirkt bis in die Musik der Gegenwart nach.

KONZERT (ca 1795, 1895, 1920), 1) aus dem → Concerto hervorgegangene meist dreisätzige Musik für einen (seltener zwei oder drei) Solisten und Orchester (Klavier-K., Violin-K., Horn-K. usw.), die durch die technisch anspruchsvolle Solopartie zur Virtuosenmusik par excellence geworden ist; 2) öffentl., gegen Entgelt zugängliche Musikdarbietung professionellen Charakters, bürgerte sich Anfang des 18. Jh. zuerst in England ein. 3) Großes K., Leipzig 1742, Zyklus öffentl. K., an den 1781 die Gewandhaus-K. anschlossen.

KRENEK, ERNST, 1900, Komponist, gebürtiger Österreicher; seit 1945, nach siebenjähriger freiwilliger Emigration, amerikanischer Staatsbürger; lehrte an verschiedenen amerikanischen Universitäten und veröffentlichte eine große Anzahl musikwissenschaftlicher und literarischer Arbeiten; er komponierte Musik aller Gattungen, verwendete zu verschiedenen Zeiten die verschiedensten technischen Mittel und folgte den verschiedensten Stilrichtungen, ohne aber jemals seine eigene, durchwegs antikonventionelle Richtung preiszugeben.

KRETZSCHMAR, HERMANN, 1848–1924, dt. Musikforscher

KREUZFAHRERLIED (ca 1150), lyrische Ermahnung zur Teilnahme am Kreuzzug; als Lied des Abschieds eines Kreuzfahrers von seiner Geliebten und als dichterischer Ausdruck des Zwiespalts zwischen geistlicher und weltlicher Minne ein besonderer Typus des Minnesangs.

KRIEGER, ADAM, 1634–1666, dt. Komponist; schrieb „Arien" (mit instrumentalen Ritornellen), die als wesentlicher Beitrag zur Gesellschaftskunst des 17. Jh. gelten können.

KRJUKI-SCHRIFT (ca 1070), aus den byzantinischen Neumen entwickelte Notation des russischen Kirchengesangs.

KRUMMHORN (ca 1390), Doppelrohrblattinstrument mit unten gebogenem Corpus.

KÜHNAU, JOHANN, 1660–1722, dt. Komponist (KlM; erste mehrsätzige Sonaten)

KUKUZELES, JOHANNES, ca 1270–1345, griech. Sänger, Dichter u. Gelehrter, gilt nach Johannes Damascenus als zweiter Vater der byzant. Musik.

KUKUZELISCHE NEUMEN (ca 1370), spätbyzantinische Sonderform der → Neumen

KÜRENBERGER (der von Kürenberg), ca 1140 – nach 1165, frühester namentlich bekannter dt. Minnesänger, stammt aus österr. Rittergeschlecht.

KURRENDEN (ca. 1495), Schülerchorgruppen, die in den Straßen gegen Almosen Kirchenlieder sangen; da sie bedürftigen Kindern den Schulbesuch ermöglichten, wurden sie im 16. Jh. nach Auflassung vieler Klosterschulen behördlich organisiert.

LAI (ca 1015 u. 1110), dt. Leich, nichtstrophisches (auch geistliches) Lied

LALO, EDOUARD, 1823–1892, frz. Komponist (O S Ko KM L)

LANDINI, FRANCESCO, ca 1325–1397, it. Komponist (Bd Ma); in der feingliedrigen, vom ornamentalen Charakter der Oberstimme geprägten Form bes. seiner Balladen sind die typischen Merkmale der ital. Ars nova voll ausgebildet.

LANNER, JOSEPH, 1801–1843, österr. Walzerkomponist

LA RUE, PIERRE DE, ca 1460–1518, fläm. Komponist (Me Mo Ch); wirkte als Kapellsänger am Hof der Burgunder, wo er auch in den Genuß etlicher Präbenden kam; seine Musik zeichnet sich ebenso durch den Reichtum wie durch die Strenge ihrer Formen aus.

LASSUS, ORLANDUS, ca 1532–1594, franko-fläm. Komponist; studierte in Italien und lebte seit 1556 am Münchener Hof, gewiß der fruchtbarste, universellste und stärkste Geist der Renaissancemusik, auch von den Zeitgenossen hochgerühmt („der belgische Orpheus"); schrieb geistliche u. weltl. Musik, darunter rund 1200 Motetten u. eine große Anzahl anderer Vokalkompositionen auf lateinische, italienische, französische und deutsche Texte (Ma Ch L u. a.).

LAUDA (ca 1535), geistl. Lobgesang italienischen Ursprungs

LAUTE (ca 1385), Zupfinstrument arabischen Ursprungs, verbreitete sich im 14. Jh. von Spanien aus rasch über ganz Europa.

LAUTENBUCH (Judenkunig), 1523

LAUTENBUCH (Neusidler), 1536

LAUTENTABULATUR (Petrucci), 1507

LAWES, HENRY, 1596–1662, engl. Komponist (Ms Ps Anth)

LAWES, WILLIAM, 1602–1645, engl. Komponist (Ms Airs, mehrstimmige Instrumentalstücke)

LECHNER, LEONHARD, ca 1553–1606, österr. Komponist (Mo Ma V L)

LEGRENZI, GIOVANNI, 1626–1690, it. Komponist (O Mo Ka Ko Sonaten)

LEHÁR, FRANZ, 1870–1948, österr. Operettenkomponist

LEIBOWITZ, RENÉ, 1913–1967, frz. Komponist poln. Herkunft (O S Ko KM); auch als Schriftsteller u. Dirigent einflußreicher Repräsentant der Zweiten Wiener Schule.

LEIER (–1000, ca 1390), eines der ältesten Zupfinstrumente, mit schalen- oder kastenförmigem Schallkörper, zwei Jocharmen und maximal elf Saiten; verschiedene Größen.

LEITMOTIV (1833), eine charakteristische, konsequent wiederkehrende melodische Wendung vor allem der Opernmusik, die beim ersten Erklingen einem bestimmten Handlungsmoment zugeordnet ist und dadurch eine spezifische, auf den Augenblick ihrer Wiederkehr übergreifende Stimmungs- oder Ausdrucksfunktion erhält; solche „Erinnerungsmotive" gibt es bereits bei Grétry, Marschner und Weber; Berlioz hat sie in die Sinfonische Dichtung eingeführt (idée fixe), Wagner durch systematische Anwendung zu einem drastischen Demonstrationsmittel der Operndramaturgie gemacht.

LEO, LEONARDO, 1694–1744, it. Komponist (O Or Me Ko KIM OrgM)

LEONCAVALLO, RUGGIERO, 1858–1919, it. Komponist (Erfolgsoper *Der Bajazzo)*

LEONINUS, 2. Hlft. d. 12. Jh., frz. Komponist (Organa im Stil der frühen, noch an der Tradition des Klosters St. Martial orientierten Notre Dame-Schule).

LESUEUR, JEAN FRANÇOIS, 1760–1837, frz. Komponist (O Or Me Mo), Lehrer von Berlioz, Thomas u. Gounod

LIDHOLM, INGVAR, 1921, schwed. Komponist (OM KM KIM)

LIEBERMANN, ROLF, 1910, Schweizer Komponist (O Ko OM)

LIED (ca 1050, 1120, 1150, 1170, 1700, 1775, 1800, 1925), in verschiedenen Spezies ausgebildete Gattung melodisch prägnanter Vokalmusik von lyrischer Grundhaltung und meist geringem Umfang; in deutschsprachigen Ländern hat sie sich auf der Basis einer fast lückenlosen Tradition, die vom ma. Leich über die Lieder der Minnesänger und Spielleute bis zum Kunstlied des 19. Jh. reicht, in wenigen Typen immer wieder erneuert; an diesem Prozeß hatte auch das mehrstimmige, nach der führenden Stimme so genannte Tenorlied (15. Jh.) und das begleitete Sololied der Generalbaßzeit wesentlichen Anteil (→ Lai, Chanson, Ballade, Kanzonette).

LIEDER, 121 NEWE (Ott u. Formschneider), 1534

LIEDERBUCH (Forster), 1537

LIEDERBUCH (Oeglin), 1512

LIGETI, GYÖRGY, 1923, österr. Komponist ungar. Herkunft (OM Bühnenmusik KIM KM ChM L)

LINCKE, PAUL, 1870–1946, dt. Operettenkomponist

LINIENSYSTEM (ca 960, 1045, 1230), Vierliniensystem (ca 1220)

LISSA, ZOFIA, 1908, poln. Musikforscherin

LISZT, FRANZ, 1811–1886, Komponist u. Pianist ungar. Herkunft; studierte in Wien u. Paris u. unternahm ausgedehnte Konzertreisen; seit 1842 Hofkapellmeister in Weimar; die vermeintlich ungarische Note vieler seiner Kompositionen wurde durch spätere, folkloristisch fundierte Erkenntnisse (Bartók, Kodály) als modebewußter Anklang an die großstädtische Zigeunermusik qualifiziert; maßgeblich für L.s historische Bedeutung sind der virtuose Stil seiner Klaviermusik, das an frühere Programmmusik anknüpfende Konzept der auch von ihm selbst zum erstenmal so benannten Sinfonischen Dichtung und seine harmonischen Neuerungen.

LITURGISCHES DRAMA (ca 1030 u. 1200), aus dem dialogischen Vortrag bestimmter Teile des liturg. Gesangs (Tropus, Sequenz) hervorgegangenes szenisches Spiel zu den großen Kirchenfesten, das im 13. Jh. bereits eine hochorganisierte Form aufwies (Chor-, Instrumental- und Tanzmusik) und sich später zu einer Art Welttheater von mehrtägiger Dauer ausweitete (→ Mirakelspiel, Mariendichtung).

LOCHAMER LIEDERBUCH (ca 1455), Sammlung dt. Lieder aus der 1. Hft. d. 15. Jh.

LOCKE, MATTHEW, 1630–1677, engl. Komponist (Ms SchM Ko Bläserstücke); wirkte am Hof Karls II.

LOEWE, CARL, 1796–1869, dt. Komponist (O Or Mo Ka S Ko ChM L Bd); die Balladen (mit Klavierbegleitung) haben alle anderen seiner Kompositionen überdauert.

LORTZING, ALBERT, 1801–1851, dt. Komponist (O Ssp Bühnenmusik OM); *Zar und Zimmermann, Undine* u. *Der Waffenschmied* sind neben den Werken Wagners u. Webers Musterbeispiele der dt. romantischen Oper.

LOTTI, ANTONIO, ca 1667–1740, it. Komponist (O Or SM)

LULLY, JEAN BAPTISTE, 1632–1687, frz. Komponist ital. Herkunft; erhielt seine Ausbildung als Violinist, später auch als Tänzer am frz. Hof, wo er bereits als Knabe Aufnahme gefunden hatte; die Gunst Ludwigs XIV. ermöglichte ihm einen raschen Aufstieg zum „Maître de la Musique de la Famille Royale" (1662); die Zusammenarbeit mit Molière (comédie-ballet) führte zur Ausbildung eines spezifisch frz. Operntypus (Tragédie lyrique); außer Opern u. Ballette schrieb L. mehrere Motetten; der von ihm geprägte Typus der frz. Ouvertüre greift in die Gattungsgeschichte der späteren Sinfonie ein.

LUTHER, MARTIN, 1583–1646, dt. Reformator, Begründer der protestantischen Kirche, deren Musik durch seine eigene Praxis (Gesang, Flöten- u. Lautenspiel) sowie durch seinen schöpferischen Beitrag (Liedtexte u. -melodien) entscheidende erste Impulse erhielt.

LUTOSLAWSKI, WITOLD, 1913, poln. Komponist (S KM Bühnenmusik, FiM FuM L ChM)

LYRA (ca –600), antikes Zupfinstrument mit schalenförmigem Schallkörper (Schildkrötenleier), zwei geraden oder geschwungenen Jocharmen und fünf, später sieben Saiten; dem Mythos nach das Instrument Apollons.

LYRIK (–700, –500), urspr. Gesang zur Lyra; im Altertum wurde zwischen → Chorlyrik und solistisch vorgetragener (→ melischer od. monodischer) L. unterschieden.

MACHAUT, GUILLAUME DE, ca 1300–1377, frz. Dichter u. Komponist (Lais Ch Bd Ro Mo); hatte verschiedene Hofämter inne und genoß in den letzten Jahren seines Lebens besondere Gunst des Königs Karl V. von Frankreich; seine 4stg. Messe gilt als erste zyklisch geschlossene und konsequent durchgeführte Ordinariumkomposition; er ist neben Philippe de Vitry der universellste u. eigenartigste Musiker des 14. Jh.; sein Ruhm verbreitete sich noch zu seinen Lebzeiten über ganz Europa.

MADERNA, BRUNO, 1920–1973, it. Dirigent u. Komponist (OM KM EM)

MADRIGAL, 1) (ca 1345 u. 1400) zwei- u. dreistimmig gesetztes Strophenlied, oft pastoralen Charakters, mit reich verzierter Oberstimme; neben diesem Ars nova-Madrigal bildete sich in Italien ein literarischer Typus heraus, dessen klassische Prägung (Petrarca) zum Vorbild für das kunstvollere, vier- oder fünfstimmige, jedoch nicht strophische M. des 16. Jh. wurde, 2) (ca 1500 u. 1620).

MADRIGALKOMÖDIE (ca 1590), nach Art eines Madrigalzyklus vertonte dramatische Szenenfolge im Commedia dell'arte-Stil; Vorform der Oper; berühmtes Beispiel: *L'Amfiparnasso* von Orazio Vecchi.

MAHLER, GUSTAV, 1860–1911, österr. Komponist u. Dirigent; studierte in Wien; 1897 Kapellmeister, kurz danach Direktor der Wiener Hofoper; 1907 übernahm er eine Kapellmeisterstelle am New Yorker Metropolitan Opera House, 1909 wurde er auch Leiter der New York Philharmonic Society; seine neun Sinfonien, besonders die letzten zwei, deren Dimensionen über Bruckners sinfonische Monumentalformen noch um einiges hinausgehen, verkörpern den Geist dt. Romantik in seiner höchsten Potenz; Klang- u. Ausdrucksgebärde nehmen mitunter spätere Tendenzen (Schönberg) vorweg; M. schrieb auch ChM u. L.

MALIPIERO, GIAN FRANCESCO, 1882–1973, it. Komponist (O S Ko KM L); Herausgeber alter Musik Monteverdi, Vivaldi).

MÄLZEL, JOHANN NEPOMUK, 1772–1838, dt. Instrumentenmacher; Erfinder des → Metronoms

MANDOLA (ca 1395), Mandora, Zupfinstrument vom Lautentyp

MANESSISCHE LIEDERHANDSCHRIFT, ca 1320, nach einem Züricher Ratsherrn benannte Sammlung dt. Minnelyrik

MANIER (ca 1670), improvisierte oder ausgeschriebene Verzierungen beim Vortrag von Vokal- u. Instrumentalmusik

MANNHEIMER SCHULE (18. Jh.), ein Kreis dt. u. böhm. Komponisten am Hof des pfälzischen Kurfürsten Karl Theodor; Gründer u. Haupt d. M. Sch. war J. → Stamitz; ihre historische Leistung bestand darin, daß sie Form u. Stil der Orchestermusik durch Befreiung von barocker Schablone (Generalbaß) sowie verschiedene Kompositions- u. instrumentationstechnische Neuerungen erheblich gewandelt und damit, bes. in der Sinfonie, wesentliche Voraussetzungen für die weitere Entwicklung auf dem Boden der Wiener Klassik geschaffen hat.

MARCABRU, vor 1120 – nach 1180, Troubadour; Begründer des „hermetischen" oder „dunklen" Stils (trobar clus).

MARCHETTUS DE PADUA, ca 1280–1335, it. Musiktheoretiker; sein Hauptwerk *Pomerium artis musicae mensurabilis* ist eine ausführliche Darstellung der it. Ars nova.

MARENZIO, LUCA, 1553–1599, it. Komponist (Ma V Mo); von weitreichendem und nachhaltigem Einfluß auf die Entwicklung der Gattung waren seine kunst- u. ausdrucksvollen Madrigale.

MARIENANTIPHON (ca 1040) → Antiphon

MARIENDICHTUNG, (ca 1150), dem Minnesang verwandte Gattung der Lyrik; auch die Legende vom Marienwunder, die, wie andere Heiligenlegenden, in dramatisierter Form zu dem mit Musik verbundenen Mirakelspiel ausgestaltet wurde.

MARINI, BIAGIO, 1597–1665, it. Geiger u. Komponist (Ma Arien Ps KM); die 2–6stimmigen Instrumentalkompositionen gehören zu den ersten kammermusikalischen Kunstwerken von einigem Rang.

MARSCHNER, HEINRICH, 1795–1861, dt. Komponist (O Ssp SchM S KM L); die im 19 Jh. sehr beliebten Opern *Der Vampyr* u. *Hans Heiling* haben die Dramaturgie R. Wagners stark beeinflußt.

MARTIANUS CAPELLA, ca 400, lat. Schriftsteller

MARTIN, FRANK, 1890–1974, Schweizer Komponist (O Or OM KM)

MARTINI, (PADRE) GIAMBATTISTA, 1706–1784, it. Musiktheoretiker u. Komponist (Or Mo Me Ps S Ko)

MARTINU, BOHUSLAV, 1890–1959, tschech. Komponist (O Bt S SD Ko KM FiM)

MARX, JOSEPH, 1882–1964, österr. Komponist (OM KM L)

MARX, KARL, 1897, dt. Komponist (OM KM ChM L)

MASCAGNI, PIETRO, 1863–1945, it. Opernkomponist; seine einzige Erfolgsoper, *Cavalleria rusticana,* gilt als Hauptwerk des Verismo.

MASCHERATA (ca 1570), engl. masque, Maskenspiel, dramatische Darbietung meist biblischer oder mythologischer Stoffe mit Sprechpartie, Gesang u. Tanz.

MASCHINENPAUKE, (1811), Kesselpauke mit zentral regulierbarer Umstimmechanik

MASQUE (ca 1570 u. 1635) → Mascherata

MASSENET, JULES, 1842–1912, frz. Opernkomponist; seine *Manon* war eine der meistgespielten Opern.

MATTHESON, JOHANN, 1681–1764, dt. Musiktheoretiker

MEHRSTIMMIGKEIT (ca 900 u. 1000) → Organum

MÉHUL, ÉTIENNE NICOLAS, 1763–1817, frz. Komponist (O Bt SchM S ChM)

MEISTERSANG (ca 1435), Gebrauchslyrik (geistliche, politische, historische u. Zechlieder) der nach dem Vorbild der Zünfte organisierten bürgerlichen „Singschulen", die ein strenges Reglement hatten und den „Meistern" d. dt. Minnesangs nacheiferten.

MELISCHE LYRIK (ca – 610) → Lyrik

MELODRAM (ca 1775), gesprochenes Gedicht meist balladesken Charakters mit musikalischer Untermalung

MELOS (ca – 600), Weise, Melodie; zum Singen bestimmtes lyrisches Gedicht

MENDELSSOHN-BARTHOLDY, FELIX, 1809–1847, dt. Komponist (S Ko KIM KM Or Mo ChM L); der romantische Überschwang, der den jugendlichen Geniestreich der *Sommernachtstraumouvertüre* kennzeichnet, ist in den späteren Werken oft klassizistisch gezügelt; der Hang zur klassischen Schönheit unterliegt anderseits nicht selten dem Reiz des Gefälligen; unter den großen Verdiensten von M.s Leipziger Kapellmeistertätigkeit ragt seine geschichtlich bedeutsame Aufführung der Matthäuspassion, der ersten nach Bachs Tod, hervor.

MÉNESTREL (ca 1140), engl. minstrel, „Dienstmann", Musiker od. Sänger im Dienst eines meist gleichfalls dichtenden Adligen.

MENSURALMUSIK, → Musica mensurabilis, Mensuralnotation

MENSURALNOTATION, (ca 1230, 1340), die der heutigen Notenschrift vorangegangene Form der Musikaufzeichnung des 15.–16. Jh., die zum Unterschied von der älteren Choralnotation nicht nur die Lage der Töne (Intervalle), sondern auch ihren metrischen Wert (Maß, Mensur) anzeigt (→ Musica mensurabilis).

MENUETT (ca 1655), frz. Paartanz, wurde am Hof Ludwigs XIV. zum Modetanz u. war als selbständige Tanzform in der Instrumentalmusik bis ins 19. Jh. weit verbreitet.

MERSMANN, HANS, 1891, dt. Musikforscher

MERULO, CLAUDIO, 1533–1604, it. Organist und Komponist (Ma Me Canzonen OrgM)

MESSE (ca 1365, 1420 u. 1555), zyklische Form christl. Kirchengesangs, entwickelte sich als Kompositionsform auf der Basis des einstimmigen Gemeindegesangs (ordinarium missae, bestehend aus Kyrie, Gloria, Credo, Sanctus, Agnus Dei); einzelne zweistimmige Sätze aus dem 13. Jh.; der erste vollständige Zyklus ist die anonyme dreistimmige M. von Tournai, die erste mit dem Namen ihres Urhebers überlieferte Ordinariumkomposition die vierstimmige M. von Guillaume de Machaut, 1367; ihre geschichtl. Höhe erreichte die Gattung in den M. d. niederl. und röm. Schule (Palestrina); die sinfonische M. des 19. Jh. sprengte den liturgischen Rahmen.

MESSIAEN, OLIVIER, 1908, frz. Organist u. Komponist, schrieb außer Opern Musik aller Gattungen, auch SM, wobei er sich verschiedenster Mittel des Stils u. der Technik bediente, auch jener der Musique concrète; M.s Gedanken zur Erneuerung der Kompositionstechnik haben im Lauf seiner vieljährigen Lehrtätigkeit eine große Anzahl junger Komponisten stark beeinflußt.

METRONOM (1817), von Joh. Nep. Mälzel konstruiertes, mit Uhrwerk u. Pendel ausgestattetes Gerät zur Anzeige d. musikalischen Zeitmaßes

MEYERBEER, GIACOMO, 1791–1864, dt. Komponist; lebte 1816–24 in Italien u. 1831–41 in Frankreich; in seinen *Hugenotten* schuf er den Typus der effektvollen großen Oper, der von Paris aus lange Zeit die Bühnen Europas beherrschte; seine zahlreichen Vokal- u. Instrumentalwerke kleineren Umfangs haben dagegen keine auch nur annähernd vergleichbare Wirkung ausgelöst.

MILHAUD, DARIUS, 1892–1974, frz. Komponist (O SchM FiM Bt S Solo-Ko Suiten KM OrgM KlM ChM L)

MILLÖCKER, KARL, 1842–1899, österr. Operettenkomponist

MJASKOWSKIJ, NIKOLAJ, 1881–1950, russ. Komponist (S ChM L KM)

MIMUS (ca –100, ca 100), altröm. Schauspieler; Mimen, wie die Histrionen meist Sklaven, stellten in Zwischenspielen auf dem Theater realist. Alltagsszenen (Mimiamben) dar, traten aber auch auf Volksfesten als Spaßmacher auf (→ Joculator).

MINNESANG (ca 1165), höfische Liebeslyrik dt., schweizer u. österr. Herkunft, die an die Überlieferung der altfrz. Liebesdichtung anknüpft (→ Troubadour, Trouvère).

MIRACLE DE THÉOPHILE, liturgisches Drama von → Rutebeuf, ca 1275, → Mirakelspiel

MIRAKELSPIEL (ca 1160), frz. miracle, engl. miracleplay, Sonderform d. geistl. Spiels, die in den Marien- u. Heiligenlegenden des 12. Jh. ihren Ursprung hat u. bes. im 13. Jh. weitverbreitet war. → Mariendichtung.

MISSARUM SANCTI GREGORII (ca 1006)

MODALNOTATION (ca 1190), ein System von Zeichen, dem bestimmte rhythmische Modi zugrundelagen, die Voraussetzung für eine eindeutige Kennzeichnung rhythmischer Werte aber noch fehlte.

MONDSEER LIEDERHANDSCHRIFT, ca 1390

MONIUSZKO, STANISLAW, 1819–1872, poln. Komponist (O Bt SchM KlM Me ChM L); *Halka* u. einige andere Opern haben ihn zum ersten Repräsentanten nationalpolnischer Kunstmusik gemacht.

MONOCHORD (ca – 520), „Einsaiter", mit nur einer Saite bespanntes u. verschiebbarem Steg ausgestattetes Instrument zur mathematisch exakten Messung von Intervallen durch Saitenteilung; seine Erfindung wird Pythagoras zugeschrieben; ursprüngl. Bezeichnung: Kanon (Maßstab).

MONODIE, „Sologesang", 1) (ca –600), antike Form lyr. u. dramat. Dichtung, 2) (ca 1610) bereits im 16. Jh. vereinzelt praktizierte Art instrumental begleiteten Sologesangs nach antikem Vorbild (→ stile recitativo od. stile affettuoso); sie führte einerseits zur Unterordnung der Musik unter das Wort, dessen Sinngehalt durch emphatischen Vortrag zu betonen war, förderte aber anderseits durch Verstärkung der Klangkomponenten im Akkordgerüst der Begleitpartien die Entfaltung klarer harmonischer Funktionen (→ Dur-Moll-System, Generalbaß); der monodische Stil hat alle Gattungen der Vokal- u. Instrumentalmusik nachhaltig beeinflußt.

MONTEVERDI, CLAUDIO, 1567–1643, it. Komponist; 1590 als Sänger und Violaspieler am Mantuaner Hof der Gonzaga; seither auch Mitglied der Accademia di Santa Cecilia in Rom; 1601 Maestro di Capella in Mantua, von 1613 bis zu seinem Tod übte er das gleiche Amt, allerdings auf einer sehr viel höheren Rangstufe auch öffentlicher Anerkennung („Oracolo della musica"), in Venedig aus; sein Verlangen nach Natürlichkeit der sprachlichen Gebärde und höchster Intensität musikalischen Ausdrucks führten ihn nach 1600 zu einem radikalen Bruch mit der Tradition, der die damalige Zeitwende mit den Erscheinungen eines revolutionären Umschwungs begleitete; M. schrieb Opern, Messen, Motetten, Kanzonetten u. eine große Anzahl geistl. u. weltl. Madrigale.

MONTFORT, HUGO VON, 1357–1433, österr. Dichter, wie Oswald von Wolkenstein Zeuge einer späten epigonalen Nachblüte des Minnesangs.

MORALES, CRISTOBAL DE, ca 1500–1553, span. Komponist (Me Mo Hy Ma)

MORESCA (ca 1490), geradtaktiger Masken-(Mohren- od. Narren-)Tanz, auch Tanzspiel od. Bühnentanz (Intermedium)

MORLEY, THOMAS, 1557–1603, engl. Komponist (Bt Mo Ma Kz L Anth Virginalmusik); sein Traktat *A Plaine and Easie Introduction to Practicall Musicke,* der eine Elementarlehre u. eine Kompositionslehre enthält, ist die erste in England erschienene musiktheoretische Abhandlung.

MOTETTE (ca 1335, 1420, 1510), aus dem → Motetus entwickelte hochartifizielle Form der Vokalkomposition auch weltlichen Charakters; die im 13. u. 14. Jh. übliche Kombination verschiedener Texte wurde im 15. Jh. zugunsten einer einheitlichen Textierung aller Stimmen aufgegeben.

MOTETUS (ca 1020, 1125, 1215), frz. motet, Ableitung von mot (Wort), urspr. Gesangtext bzw. die neutextierte, zu einem überlieferten Cantus hinzukomponierte Stimme (Discantus), später das ganze Stück; es konnte bis zu vier Stimmen u. ebensoviele verschiedene (gleichzeitig zu singende) Texte, auch solche in verschiedenen Sprachen, haben.

MOUTON, JEHAN, 1458–1522, franko-fläm. Komponist (Me Mo Ch); beherrschte das technische Instrumentarium der Epoche und ihre Stilmittel mit größter, an Josquin geschulter Virtuosität und gewann durch seine Mittlerstellung zwischen diesem und seinem Schüler Willaert beträchtlichen Einfluß auf die letzte Entwicklungsphase der vielgerühmten „niederländischen" Musik.

MOZARABISCHER GESANG (ca 620), Gesang der spanischen Christen zur Zeit der Araberherrschaft

MOZART, LEOPOLD, 1719–87, Vater von W. A. M., dt. Geiger u. Komponist (S Ko Or Me Ka Li); sein *Versuch einer gründlichen Violinschule* ist mehrmals aufgelegt u. auch in fremde Sprachen übersetzt worden.

MOZART, WOLFGANG AMADEUS, 1756–1791, österr. Komponist; komponierte, von seinem Vater angeleitet, bereits mit 5 Jahren; 1763–66 bereiste er als klavierspielendes Wunderkind mit Vater u. Schwester halb Europa; spätere Reisen (1769/71, 72/73, 77/78) machten ihn in Italien, Deutschland u. Frankreich auch als Komponist bekannt; 1781 übersiedelte er von Salzburg, wo er unter demütigenden Umständen aus dem Dienst des Erzbischofs entlassen worden war, nach Wien; das Verzeichnis seiner Werke umfaßt 626 Nummern: Musik jedes Genres u. jedes Gewichts, ein Fall seltener Universalität, wie er sich ebenso vollendet in der Synthese verschiedener Stile u. in der geistigen Durchdringung unterschiedlichster musikalischer sowie lyrischer u. dramatischer Stoffe darstellt.

MUFFAT, GEORG, 1653–1704, österr. Organist u. Komponist, studierte im Elsaß, sowie in Frankreich u. Italien (Orchesterouvertüren, Concerti grossi, KM OrgM)

MURIS, JOHANNES DE, ca 1290 – nach 1351, frz. Mathematiker, Astronom u. Musiktheoretiker, kommentierte in mehreren Schriften Boethius sowie die Kompositions- u. Notationspraxis der Ars nova.

MUSICA ENCHIRIADIS (ca 850), Organumtraktat aus dem Kloster St. Gallen

MUSICAL (ca 1950), musical play, amerikanischer Singspieltypus, der um die Jahrhundertwende entstanden ist u. sich in der späteren Ausprägung des großen Ausstattungsstücks um die Jahrhundertmitte in Europa einbürgerte.

MUSICA MENSURABILIS (ca 1245), „meßbare Musik", die durch die Darstellung eindeutiger rhythmischer Werte (Mensuralnotation) von der musica plana besonders des Gregorianischen Gesangs unterschiedene mehrstimmige Musik des hohen Mittelalters.

MUSICA RESERVATA (ca 1525), „reservierte Musik", die durch artistische Überfeinerung, sezessionistische Absonderlichkeit oder durch Neuheit von der Konvention abweichende und daher zum Reservat bestimmter Gruppen erklärte Musik der Übergangszeit zwischen Renaissance und Barock.

MUSIKALISCHE GRAFIK (ca 1965), eine Kombination meist frei erfundener abstrakter und nicht näher bestimmter grafischer Zeichen u. Figuren, die musikalisch zu deuten u. intuitiv in adäquate Klangbilder umzusetzten sind.

MUSIKDRAMA (ca 1850), der nach dem Konzept eines „Gesamtkunstwerks" von Wagner geschaffene Typus der großen romantischen Oper, in dem sich die dichterischen u. musikalischen Komponenten der Gattung zu einer übergeordneten Einheit verbinden; wegen der tragenden Rolle des Orchesters u. d. spezifischen Art seiner Behandlung, aber auch wegen der Preisgabe selbständiger Gesangnummern zugunsten eines durchkomponierten, in das Kontinuum des Orchesterparts eingewobenen Bühnengesangs wird das M. oft als sinfonische Oper bezeichnet.

MUSIKFESTE: Three Choirs Festival (Gloucester, Worcester, Hereford) 1724, York 1791, Norwich 1770, London (Händelfeste) 1857, Bayreuth (Wagner-Festspiele) 1876, München (Richard Strauß) 1921, Salzburg 1920, Donaueschingen 1921, Florenz 1933, Luzern 1938, Prag 1946, Edinburgh 1947, Amsterdam 1948, Wien 1951, Frankfurt (Jazz) 1953, Warschau 1956, Zagreb 1961.

MUSIKHOCHSCHULEN UND KONSERVATORIEN: Paris 1797, Bologna 1804, Mailand 1807, Prag (1811), Warschau (1816), Wien (1821), London 1822, 1883, Madrid 1830, Genf 1835, Lissabon 1836, Leipzig 1843, München 1846, Stuttgart 1856, Moskau 1866, Kopenhagen 1867, Berlin 1868, Budapest 1875, Frankfurt 1878, Salzburg 1880, Bologna 1904.

MUSIKVERLAGE: Breitkopf, Leipzig 1721, Ricordi, Mailand 1808, Hofmeister, Leipzig 1807, Novello, London 1811, Boosey & Hawkes, London 1816, Schott, Mainz 1870, Durand, Paris 1870, Belaieff, Leipzig 1885, Universal Edition, Wien 1901.

MUSIQUE CONCRÈTE (ca 1950), mit Hilfe elektrischer Geräte veränderte u. kompositorisch verarbeitete Vokal- u. Instrumentalklänge, auch Schallvorgänge anderer Art; der anfängliche Unterschied gegenüber der → Elektronischen Musik hat sich infolge allmählicher Annäherung der Verfahrensweisen verwischt.

MUSKATBLÜT, 1. Hft. d. 15. Jh., dt. Meistersinger

MUSSORGSKIJ, MODEST, 1839–1881, russ. Komponist (3 O, 2 davon fragmentarisch, OM ChM KlM L); Autodidakt; bildete, auf elementare Formen russ. Volksmusik gestützt, eine Tonsprache von großer Bild- u. Ausdruckskraft aus, die ihn als einen der ersten u. wichtigsten Novatoren des 19. Jh. kennzeichnet.

MYSTERIENSPIEL (ca 1170 u. 1210), aus der liturgiegebundenen Darstellung biblischer Szenen entwickelte Form des geistlichen Dramas mit Musik, das seinen Platz zunächst in der Kirche hatte (Ministerium), seit dem 13. Jh. auch auf dem Platz davor.

NANINO, GIOVANNI MARIA, ca 1545–1607, it. Komponist (Mo Ma Kz Ps)

NEAPOLITANISCHE SCHULE (ca 1660 – ca 1770), eine Gruppe it. Komponisten, die im 17. u. 18. Jh. bes. auf dem Gebiet der Oper stilbildend waren; ihnen wird der Belcanto u. der Bravourgesang der Kastraten zugeschrieben; auch die Opera buffa hat in der N. Sch. ihren Ursprung (Pergolesi).

NEEFE, CHRISTIAN GOTTLOB, 1748–1798, dt. Komponist (O Ssp KlM L); Lehrer Beethovens

NEIDHART VON REUENTAL, ca 1180 – ca 1240, dt. Minnesänger bayer. Herkunft (Tanzlieder)

NEUMEN (ca 830 u. 1030), dem Handzeichensystem der → Cheironomie nachgebildete, aus Punkten, Strichen u. Häkchen zusammengesetzte Form der Aufzeichnung melodischer Bewegungsmomente (Hebung u. Senkung der Stimme), im allgemeinen zunächst ohne Merkmale für bestimmte Tonhöhe und -dauer.

NICOLAI, OTTO, 1810–1849, dt. Komponist (O S KM Mo L); Begründer des Wiener Philharmonischen Orchesters

NIELSEN, CARL AUGUST, 1865–1931, dän. Komponist

NIKOLAIBRUDERSCHAFT (1288), unter dem Patronat des Wiener Adels gegründete Musikergenossenschaft mit einem „Pfeiferkönig" an der Spitze.

NOMOS (ca. –770), Ordnung, Gesetz, melodisches Modell vor allem der griech. Rhapsoden, nach dem auf einem Instrument (Aulos, Kithara) improvisiert wurde.

NONO, LUIGI, 1924, it. Komponist (O OM ChM L)

NOTA QUADRATA (ca 1210), die im punctus der → Neumenschrift vorgebildete Quadratnote

NOTATION (ca –250, 700, 1030, 1190, 1200, 1330, 1450, 1580, 1650 u. 1950)

NOTENDRUCK, 1457 u. 1473; das älteste Beispiel (Mainzer Psalterium) zeigt gedruckten Text mit handgeschriebenen Noten; später wurden Linien und Noten separat gedruckt, bald aber auch im Verfahren des Holzschnitts und des Metallstichs reproduziert; bedeutende Drucker waren Schöffer (Mainz), Öglin (Augsburg), Petrucci (Venedig) u. Attaignant (Paris).

NOTENSTICH, 1586, das zuerst von Verovio in Rom angewandte Notendruckverfahren nach dem Vorbild des Kupferstichs

NOTKER BALBULUS, ca 840–912, vermutlich aus Thurgau stammender Gelehrter, Dichter und Musiker, dem einige der ältesten → Sequenzen zugeschrieben werden.

NOTKER LABEO (Notker Teutonicus), ca 950–1022, aus Thurgau stammender Gelehrter (Übersetzer), verfaßte die ersten deutschsprachigen Musiktraktate.

OBERTÖNE (1636), auch Teil- od. Partialtöne, die jedem einzelnen Klang (Ton) eigenen Teilschwingungen, deren Frequenz ein Vielfaches der für die Tonhöhe maßgeblichen Grundschwingungsfrequenz ist; die „harmonischen" O., deren Frequenzen ganzzahlige Vielfache darstellen, wurden von den Verfechtern der Naturklangtheorie als Urbilder musikalischer Harmonie qualifiziert.

OBRECHT, JACOB, 1451–1505, niederländ. Komponist (Me Mo Ch)

OCKEGHEM, JOHANNES, ca 1420 – ca 1495, fläm. Komponist (Me Mo Ch Kanons); Kapellmeister am frz. Königshof, später Lehrer u. hoher Würdenträger in Tours; von den Zeitgenossen als „Fürst der Musik" gepriesen; seine Überlegenheit besteht in der hohen, bisweilen an artistisches Raffinement grenzenden Vollendung seiner Satzkunst, in der Gewalt seines Ausdrucks und in der Kraft seiner geistigen Ausstrahlung.

OCULAR HARPSICHORD (1757), → Farbenklavier

ODINGTON, WALTER, ca 1300, engl. Mathematiker u. Musiktheoretiker, erklärte als erster den Konsonanzcharakter der großen u. kleinen Terz.

ODO VON CLUNY, 871–942, Abt verschiedener frz. Benediktinerklöster; schrieb Musiktraktate sowie Hymnen u. Antiphonen.

OFFENBACH, JACQUES, 1819–1880, frz. Komponist dt. Abstammung; schuf in *Orpheus in der Unterwelt* den Typus der Operette großen Stils; aus der Menge seiner rund 100 Bühnenwerke ragen ferner die Operette *Die schöne Helena* u. die fantastische Oper *Hoffmanns Erzählungen* hervor, die gleichfalls seit der Uraufführung zu den großen Zugstücken des Genres zählt.

OLD HALL-MANUSKRIPT, ca 1414, ältestes Dokument engl. mehrstimmiger Musik

OLYMPOS, sagenhafter phrygischer Musiker, der im 8. Jh. das solistische Spiel auf dem Aulos eingeführt haben soll; auch die Erfindung einiger Nomoi wird ihm zugeschrieben.

ONDES MARTENOT, 1928, von Maurice Martenot konstruiertes elektronisches Tasteninstrument für einstimmiges Spiel

OPER, (ca 1595, 1640 u. 1935), im Kreis der → Florentiner Camerata entstandene Hauptgattung des musikalischen Schauspiels mit Schwergewicht auf dem Sologesang; dieser bestand zunächst in einer Art deklamatorischen Ariosos mit einfacher Akkordbegleitung (stile recitativo); entscheidende Ergebnisse der folgenden Entwicklung waren die Ausbildung geschlossener Formen (Arie, Duette, Terzette), die zur Nummernoper führten, die aus den komischen Intermezzi der ernsten Oper (Opera seria) hervorgegangene Opera buffa mit spezifisch musikdramatischen Elementen und die in Wagners „Gesamtkunstwerk" vollendete symphonische O. d. 19. Jh. (→ Musikdrama).

OPERA-BALLET (ca 1680) Ballettoper mit Rahmenhandlung u. großer Ausstattung (Lully)

OPERA BUFFA (ca 1710) → Oper

OPERA COMIQUE (ca 1785 u. 1830), komische Oper, aus dem → Vaudeville hervorgegangene typisch frz. Form der Buffooper mit recht heterogenen, formalen und inhaltlichen Elementen (Grétrys *Richard Coeur-de-Lion*).

OPER, GROSSE (ca 1840)

OPERETTE (ca 1855 u. 1940), musikalisches Bühnenstück meist heiterer u. gefälliger Art mit gesprochenen Dialogen, Gesang u. Tanz, durch den es in der Regel eine ausgeprägte folkloristische Note erhält; die O. verdrängte zu Beginn des 19. Jh. das artverwandte Singspiel u. wich in der ersten Hälfte des 20. Jh. dem formal ähnlich konzipierten → Musical amer. Herkunft.

OPERNHÄUSER (erste Bauten): Venedig 1637, Hamburg 1678, Hannover 1689, Braunschweig 1690, Leipzig 1693, Berlin 1737, Bayreuth (Festspielhaus) 1872

ORATORIUM (ca 1635), aus Solo- u. Chorgesang sowie begleitenden und verbindenden Instrumentalpartien zusammengesetztes Werk lyrisch-dramatischen Charakters; die Gattung wurzelt in der Tradition des liturgischen Dramas u. den im Betsaal (oratorio) lokalisierten geistl. Andachtsübungen des 16. Jh. (Laudengesang) u. entwickelte sich parallel zur Oper, zeitweilig unter ihrem Einfluß (szenisches O., Rezitativ); die meisten O.-Stoffe sind biblischen oder mythologischen Ursprungs.

ORCHESOGRAPHIE, 1589 („Tanzschrift"), eine Art Tabulatur des Tanzes von Jean Tabourot

ORCHESTER: Württembergisches Staatsorchester, Anfg. d. 16. Jh.; Staatskapelle Dresden, 1548; Weimarische Staatskapelle, 1565; Orchestre du Théâtre National (Paris), 1669; Nationalorchester Mannheim, 1720; Staatskapelle Berlin, 1735; Leipziger Gewandhausorchester, 1763; Philharmonisches Staatsorchester Hamburg, 1828; Royal London Philharmonic Orchestra, 1840; Wiener Philharmoniker, 1842; Concertgebouworkest (Amsterdam), 1888; Filharmonia Narodowa (Warschau), 1899; Wiener Symphoniker, 1900.

ORFF, CARL, 1895, dt. Komponist; seine Bühnenwerke sind, angefangen von *Die Kluge,* dem erfolgreichsten, in zunehmendem Maß auf die Verwirklichung einer an die Vorstellung der Antike anknüpfenden Form totalen Theaters hin angelegt; so auch einige seiner Chorkompositionen; größere Verbreitung insbesondere im Ausland, fand das nach ihm benannte *Schulwerk* für den Elementarunterricht auf speziellen Instrumenten.

ORGANISTRUM, (ca 1267), Dreh- oder Radleier, Streichinstrument, dessen Saiten mittels einer runden Scheibe durch Kurbeldrehen zum Klingen gebracht und mittels einer Tastatur den gewünschten Tonhöhen entsprechend geteilt wurden.

ORGANUM (ca 950, 1000, 1085, 1190), urspr. Form simultaner Stimmenbewegung in parallelen oder einander kreuzenden Linien; Hauptstimme (überlieferte Choralmelodie, vox principalis) u. hinzukomponierte Nebenstimme (vox organalis) konnten zugleich instrumental ausgeführt werden.

ORGEL (ca 700, 950, 1200, 1470), Blasinstrument orientalischen Ursprungs (→ Hydraulis), seit dem 8. Jh. u. in größerer Anzahl seit dem 11. Jh. auch als Kirchenorgel im Gebrauch; die kleine, tragbare O. (Portativ) gibt es seit dem 14. Jh.

ORGELTABULATUR (ca 1370), → Tabulatur

ORGELTABULATUR (Ammerbach), 1571

OSTERSPIEL, → liturgisches Drama, Mysterium, Choralpassion

OUVERTÜRE (ca 1695 u. 1745), urspr. (instrumentale) Einleitung einer Vokal- oder Instrumentalkomposition (Suite), in diesem Sinn oft gleichbedeutend mit Sonata u. Sinfonie; seit dem 18. Jh. überwiegt die Bedeutung des Opernvorspiels; im 19. Jh. wurden auch brillante oder poetisierende Orchesterstücke als O. bezeichnet (Konzertouvertüre, Sinfonische Dichtung).

PACHELBEL, JOHANN, 1653–1706, dt. Organist u. Komponist (Choralbearbeitungen u. KM)

PADUA, BARTOLINO DE, ca 1360 – nach 1405, it. Komponist (Ma, Bd)

PAGANINI, NICCOLO, 1782–1840, it. Geiger u. Komponist (VIK, KM); einer der größten Virtuosen, dessen dämonisches Gebaren zu vielen Legenden Anlaß gab.

PAISIELLO, GIOVANNI, 1740–1816, it. Komponist (mehr als 100 O Or Me S KIK KM)

PALESTRINA, GIOVANNI PIERLUIGI, ca 1525–1594, it. Komponist, von den Zeitgenossen als „Fürst der Musik" bezeichnet; begann als Chorknabe an Santa Maria Maggiore in Rom, wo er 1561 Kapellmeister wurde; seit 1571 wirkte er an der päpstlichen Kapelle, hatte aber auch noch andere hohe Ämter inne; er komponierte fast ausschließlich Kirchenmusik, darunter fast 100 Messen, 202 Motetten, mehrere Lamentationen, Magnifikat, Litaneien, Madrigale; die klassische Ausgewogenheit seiner Musik (P.-Stil) ist ein Ergebnis sowohl strenger Auslese aus den Stilmitteln des 16. Jh.s als auch einer gelungenen, wenngleich traditionsgebundenen Synthese; der Kirche galt P. jahrhundertelang als offiziell anerkanntes Vorbild sakraler Kunst.

PARALLELORGANUM (ca 1000) → Organum

PARAPHONIA (ca 1020) → Organum

PARTHENIE, 1611, Sammlung engl. Klaviermusik

PASSACAGLIA (ca 1685), tanzartiges Instrumentalstück in langsamem 3/4-Takt mit einer unverändert wiederkehrenden Baßmelodie

PASSIONSMUSIK (ca 1450 u. 1550), in der → Choralpassion vorgebildete, musikalisch ausgestaltete Form der Passionsdarstellung; die ersten mehrstimmig durchkomponierten (anonymen) P. stammen aus der Mitte des 15. Jh.s, die Form weitete sich im 17. Jh. zum Passionsoratorium aus.

PASTOURELLE (ca 1120 u. 1190), dialogisches Liebeslied

PAUKE (ca 1395)

PAUMANN, CONRAD, 1409–1473, dt. Organist; sein grundlegender Traktat über das Orgelspiel *(Fundamentum organisandi)* ist der geistige Niederschlag einer auch in weiterem Sinn fundamentalen Leistung der Vortragskunst, die lange Zeit als erstes gültiges Vorbild für das Instrumentalspiel schlechthin galt; P. war auch ein virtuoser Harfen-, Lauten- u. Flötenspieler.

PAVANE (ca 1610), langsamer, geradtaktiger it. Schreittanz

PEDRELL, FELIPE, 1841–1922, span. Musikforscher u. Komponist (OM KM L); Lehrer Albéniz' u. de Fallas; Herausgeber alter u. neuer span. Musik.

PEIRE CARDENAL, ca 1180–1278, Troubadour; unter seinen mehr als 70 Liedern sind mehrere Sirventesen.

PEIRE D'ALVERGNE, vor 1140 – nach 1180, Troubadour, zählt mit Marcabru und Arnaut Daniel zu den Vertretern der „dunklen" Dichtung (trobar clus).

PEIRE VIDAL, ca 1160 – nach 1200, Troubadour, Vertreter des als „trobar clus" bezeichneten dunklen Stils der provençalischen Liebeslyrik.

PENDERECKI, KRZYSZTOF, 1933, poln. Komponist (O OM ChM)

PENTATONIK (–1000), Fünftonsystem, z. B. C D E G A; älteste nachweisbare Form der Tonordnung (Ursprung: Asien, Mittelmeerraum); in der Volksmusik heute noch vielfach erhalten (Kinderlied), doch auch in neuer Musik (Bartók) wiederzufinden.

PEPUSCH, JOHN CHRISTOPHER, 1667–1752, engl. Komponist dt. Herkunft (Maskenspiele, Mo Ka KM); die erfolgreiche satirische *Beggar's Opera,* die sich gegen die zeitgenössische Opernkonvention richtete u. Händel zwang, sein Opernunternehmen aufzugeben, ist das Modell der Brecht-Weillschen *Dreigroschenoper.*

PERGOLESI, GIOVANNI BATTISTA, 1710–1736, it. Komponist (O Or Ka KM); die Oper *La serva padrona,* urspr. ein Intermezzo der Opera seria *Il Prigioniero superbo,* ist in 200jähriger Repertoirebewährung zum Paradebeispiel der it. Opera buffa geworden.

PERI, JACOPO, 1561–1633, it. Komponist (O Bt Intermedien Ma); seine *Dafne* gilt als erste Oper.

PEROTINUS (MAGNUS), ca 1200; frz. Komponist, bedeutendster Repräsentant der Pariser Notre Dame-Schule; Hauptwerke: die 4stg. Organa *Viderunt* und *Sederunt principes.*

PETRASSI, GOFFREDO, 1904, it. Komponist (O OM KM L)

PETRUS DE CRUCE, ca 1240 – ca 1300, frz. Komponist (Mo) u. Musikgelehrter

PFEIFE (ca 280, 950, 1385), → Flöte

PFITZNER, HANS, 1869–1949, dt. Komponist (O S Ko KM ChM L)

PHILIDOR, FRANÇOIS ANDRÉ, 1726–1798, frz. Komponist, Hauptvertreter der frz. Opéra comique.

PHILIPPE LE CHANCELIER, ca 1185–1236, frz. Dichter; schrieb Motettentexte u. Lieder.

PHORMINX (ca –490), → Kithara

PHRYNIS, mytilenischer Kitharode des 5. vorchr. Jh.s; sein virtuoser Vortrag, in dem die melodische Komponente des Ausdrucks über die formalen Mittel der Sprache dominierte, wurde zum Vorbild eines selbständigen musikalischen Stils.

PICCINI, NICCOLO, 1728–1800, it. Opernkomponist, lebte seit 1776 zeitweilig in Paris, wo er gegen seinen Willen gegen Gluck ausgespielt wurde; *La cecchina ossia La buona figlinola* war einer der größten Opernerfolge der zweiten Jahrhunderthälfte.

PINDAROS, ca –518 – nach –446, griech. Lyriker; eine seiner Choroden gilt als frühester Beleg für den griech. Gebrauch des Wortes Musik; die Musik selbst ist allerdings, wie die des ganzen Zeitalters, für die Nachwelt verloren, weil die wenigen erhaltenen Fragmente keinen Aufschluß darüber geben, wie sie wirklich geklungen hat.

PIRRO, ANDRÉ, 1869–1943, frz. Musikforscher

PIZETTI, ILDEBRANDO, 1880–1968, it. Komponist (O Bt SchM OM KM ChM L)

POLYPHONIE (ca 1415), Mehrstimmigkeit, im besonderen die nach den Regeln des → Kontrapunkts praktizierte Kunst des mehrstimmigen Satzes.

POLYTONALITÄT (ca 1920), mehrschichtige Harmonik mit verschiedenen, gleichzeitig auftretenden Tonarten

POP (ca 1965), der ebenso knallige wie populäre Stil der jungen Generation nach 1950.

PORPHYRIOS, ca 230–304, griech. Philosoph, kommentierte u. a. die Harmonik des Ptolemaios.

PORPORA, NICCOLO, 1686–1768, it. Komponist (O, Or Me Mo Ka S KM)

POSAUNE (ca 1380 u. 1570), Blasinstrument mit Kesselmundstück und U-förmigem Zugrohr; Abkömmling der röm. bucina und der ma. busine (Zugtrompete).

POULENC, FRANCIS, 1899, frz. Komponist (O Bt Ko KM FiM L)

POUSSEUR, HENRI, 1921, belg. Komponist (KM KIM EM)

POWER, LIONEL, vermutlich 1390–1445, engl. Komponist (Mo Ordinariumsätze Me)

PRAETORIUS, MICHAEL, 1571–1621, dt. Organist u. Komponist (Me Mo mehrstg. Liedsätze OrgM); sein dreibändiges *Syntagma musicum* enthält eine allgemeine Musiklehre sowie eine Instrumenten- u. Notationskunde.

PROGRAMMUSIK (ca 1805), jede Instrumentalmusik, die durch den Titel oder einen anderen verbalen Zusatz (Inhaltscharakteristik, Programm) mit einer poetischen, dramatischen oder Bild-Idee verbunden ist und diese mit den Mitteln der Tonmalerei oder der Assoziation darzustellen sucht; im weiteren Sinn ist auch das → Charakterstück P.; P. großen Stils ist Beethovens 6. Sinfonie (Pastorale); P. im engeren Sinn ist die → Sinfonische Dichtung.

PROKOFJEW, SERGEJ, 1891–1953, russ. Pianist u. Komponist (O Bt S Suiten, Instrumentalkonzerte KM KIM ChM L FiM)

PROTESTSONG (ca 1970), populäres Lied mit zeitkritischem Text; unter dem Einfluß einer neuen Jugendbewegung entstanden (→ Jugendmusik).

PROVENZALE, FRANCESCO, 1627–1704, it. Komponist (O Or Mo Ka); Begründer der Neapolitanischen Schule.

PRUDENTIUS, AURELIUS CLEMENS, 348 – nach 405, lat. Hymnendichter spanischer Herkunft

PSALM (–950, 60), Psalmos, Psalmus, zwei- bis dreigliedriger, zum Gesangvortrag bestimmter alttestamentarischer Vers; die von den Juden überlieferten Psalmen wurden von den Christen übernommen u. in einer Sammlung (Psalter) zusammengefaßt.

PSALMODIE (–950, 60), Psalmenvortrag

PSALTERIUM (ca 950, 1385), trapezförmiges od. viereckiges Zupfinstrument

PUCCINI, GIACOMO, 1858–1924, it. Komponist, schrieb insgesamt 12 Opern, drei davon, *La Bohème, Tosca* u. *Madame Butterfly,* gehören zu den meistgespielten Stücken des Repertoires; trotz starker Neigung zum Verismus lassen sie sich nicht auf diese Stilkategorie einengen, weil sie vieles auch mit der älteren Tradition der it. u. frz. Oper (Verdi, Massenet) verbindet; P.s Musik, sein üppiges, gefühlsbetontes Melos, die farbige Harmonik u. die glitzernde Instrumentation, haben zudem, trotz impressionistischer Anklänge, ausgeprägte eigene Stilmerkmale, die fast eine Kategorie für sich bilden u. weitreichenden Einfluß bewirkt haben.

PURCELL, HENRY, 1659–1695, engl. Komponist („Orpheus britannicus"), erhielt ersten Musikunterricht als Chorknabe der Chapel Royal, bereits mit zwanzig war er Organist der Westminster Abbey, seit 1682 gehörte er, gleichfalls als Organist, wieder der Chapel Royal an; er schrieb Anthems, Kantaten, Catches, Lieder u. andere Vokalmusik sowie 3- bis 7stmg. Fantasien, mehrere Triosonaten, Cembalo- u. Orgelwerke, viel SchM, einige „Semi-operas" (O mit gesprochenem Dialog) u. die Kurzoper *Dido and Aeneas;* das meiste ist in der it. Barocktradition verwurzelt, erhält aber durch die Kraft der melodischen Erfindung, des rhythmischen und harmonischen Reichtums und P.s hohe Satzkunst den Charakter absoluter Eigenständigkeit u. Größe.

QUANTZ, JOHANN JOACHIM, 1697–1773, dt. Flötenvirtuose u. Komponist (rund 300 Flöten-Ko KM L); Lehrer u. Vertrauter Friedrichs des Großen; sein *Versuch einer Anweisung die Flöte traversière zu spielen* wurde in mehrere Sprachen übersetzt u. war noch im 19. Jh. weit verbreitet.

QUARTENAKKORD, 1906, aus Quarten (anstatt wie in der tonalen Harmonik aus Terzen) zusammengesetzter Klang; erstes Beispiel systematischer Anwendung: Schönbergs Kammersinfonie.

RACHMANINOW, SERGEJ, 1873–1943, russ. Pianist u. Komponist (O S KIK Sonaten)

RAIMBAUD DE VAQUEIRAS, ca 1155–1207, Troubadour

RAMEAU, JEAN-PHILIPPE, 1683–1764, frz. Komponist (O Bt Mo Ka Clavecinmusik), Organist, Clavecinist u. Musiktheoretiker; seit 1745 Kammercompositeur Ludwigs XV.; seine Opern haben den gegen den italianisierenden Stil Lullys mobilisierten Anhängern einer nationalfrz. Opernkunst zu einem glänzenden Sieg verholfen; auch seine KIM, meist kurze Stücke mit programmatischen Titeln, hat, in der Eleganz der melodischen Linie und in der Fülle harmonischer Nuancen, typisch frz. Züge; seine Harmonielehre *Traité de l'Harmonie reduite à ses Principes naturels),* die das Wesen der Musik aus der physikalischen Beschaffenheit des Tons erklärt, begründete eine zweihundertjährige Konvention.

RAVEL, MAURICE, 1875–1937, frz. Komponist (O Bt KIK OM KIM L); gilt neben Debussy als Impressionist par excellence; seine Musik zeigt aber bei allem Klangzauber zumeist auch in formaler Hinsicht viel Kontur, in den späteren Werken sogar einen deutlichen Hang zu klassizistischer Strenge; nicht wenige seiner Kompositionen haben ein spanisches Motiv zur Grundlage *(L'Heure espagnol, Rapsodie espagnol, Boléro, Alborada del gracioso).*

REBEC (ca 1140), kleines zwei- oder dreisaitiges Streichinstrument, der Form wegen auch Birnengeige genannt.

REGER, MAX, 1873–1916, dt. Organist, Pianist u. Komponist (S KM Ko KIM OrgM ChM L); die meisten seiner sehr zahlreichen Kompositionen sind durch eine unablässige Spannung zwischen den Extremen altmeisterlicher Strenge (Bach) und neudeutscher Schwärmerei (Liszt) gekennzeichnet; sie begann sich erst in seinen letzten Werken zu lösen.

REGNART, JACOB, 1540–1599, franko-fläm. Komponist (Me Mo Kanzonen L)

REICHARDT, JOHANN FRIEDRICH, 1752–1814, dt. Komponist (O SchM Ssp Ka L); Autor vielbeachteter Reisebriefe u. Musikritiken.

REICHENAUER TONAR (ca 1021)

REIGEN (ca 1260), älteste, meist mit Gesang verbundene Form des Gesellschaftstanzes; → Rondeau.

REINMAR VON HAGENAU, ca 1155 – vor 1210, dt. Minnesänger vermutl. österr. Herkunft; von Walther von der Vogelweide als sein Meister gerühmt.

REINMAR VON ZWETER, ca 1225–1270, dt. Spruchdichter

RESPIGHI, OTTORINO, 1879–1936, it. Komponist (O, SD Ko KIM)

RESPONSORIUM (ca 200), mit solistisch rezitierten Versen verbundener (einstimmiger) liturgischer Chorgesang

REUTTER, HERMANN, 1900, dt. Komponist (O OM ChM KIM L)

RHAPSODIE (ca –750), in der griech. Antike Vortrag eines Epos mit Begleitung eines Instruments (Kithara); seit dem 18. Jh. quasi erzählendes Musikstück in freier Form.

RHYTHMISCHE GYMNASTIK (ca 1900), → Ausdruckstanz

RICERCAR (ca 1525), urspr. improvisiertes (einleitendes) Instrumentalstück mit imitierenden Stimmen, auch Fuge genannt, später zum Fugen-Ricercar ausgebildet.

RICHTER, FRANZ XAVER, 1708–1789, mähr. Komponist (Me Mo Ka S Ko KM); von 1747–1769 Violinist u. Kammerkomponist am kurpfälzischen Hof in Mannheim, wo er, besonders in seinen Instrumentalwerken, vieles zur Ausbildung eines neuen Stils beitrug. → Mannheimer Schule

RIEMANN, HUGO, 1849–1919, dt. Musikgelehrter von universeller Bildung u. ebenso weitreichendem wie nachhaltigem Einfluß (Funktionstheorie)

RIMSKIJ-KORSAKOW, NIKOLAJ, 1844–1908, russ. Komponist (O S Suiten KM KIM L Volksliedbearbeitungen); viele seiner Kompositionen tendieren zur Programmusik; seine glänzende Instrumentationstechnik ist auch in einer seiner theoretischen Schriften nachgewiesen.

ROBIN ET MARION, Singspiel von Adam de la Halle (ca 1269)

ROCK AND ROLL (ca 1965) (Wiegen und Schaukeln), kommerzialisierte Form des „Rhythm and blues", einer amerikanischen Negerjazzvariante der dreißiger Jahre.

RÖHRENGLOCKEN (ca 1805), in einem Rahmen aufgehängte Metallröhren bis 2 m Länge, die im Orchester als Glockenersatz dienen.

ROLANDSLIED (ca 1130)

ROMAN DE FAUVEL (ca 1306), handschriftl. Dichtung mit musikalischen Einlagen

ROMAN DE LA ROSE, eine im 13. Jh. weitverbreitete allegorische Verserzählung von Guillaume de Lorris

ROMANOS (ca 500), Hymnendichter der griech. Kirche

ROMANZE (ca 1190) → Chanson d'histoire

RÖMISCHE SCHULE, Theorie u. Praxis einiger Komponisten d. 16. Jh.s, die von humanistischem Geist erfüllt, die sakrale Würde der kathol. Kirchenmusik durch die Wiederherstellung klassischen Ebenmaßes zu erneuern trachteten; der bedeutendste unter ihnen war → Palestrina.

RONDEAU (ca 1210 u. 1335), eine in der höfischen Musikpraxis des 13. u. 14. Jh.s weitverbreitete, dem Reigen (Rundtanz) verwandte Gattung des Refrainlieds.

RONDELLUS (ca. 1280 u. 1340), dem Kanon verwandte engl. Sonderform des Discantus, in dem ein zwei- oder dreistimmiger Abschnitt mit vertauschten Stimmen wiederholt wird.

RORANTISTEN-KAPELLE (1543), Krakauer Sängerkollegium, von Sigismund I. gegründet

RORE, CYPRIAN DE, ca 1516–1565, fläm. Komponist (Me Mo Ma Ch)

ROSENMÜLLER, JOHANN, 1619–1684, dt. Komponist (Me Mo Suiten Sonaten)

ROSSINI, GIOACCHINO, 1792–1868, it. Komponist (O Me Ka Hy S KM KIM); seine Opern, besonders *Der Barbier von Sevilla* u. *Wilhelm Tell,* standen im Repertoire des 19. Jh.s lange Zeit an erster Stelle.

ROTA (ca 1285), Rad, durch Rückkehr zum Anfang nach Kanonart gleichsam sich rundende Form mehrstimmigen Satzes

ROTTA (ca 950), dreieckförmiges zitherartiges Zupfinstrument

ROUSSEAU, JEAN-JACQUES, 1712–1778, frz. Philosoph, schrieb eine Harmonielehre, auch Musikartikel für die Encyclopédie sowie, als eifriger Verfechter der it. Buffo-Tradition, eine Oper dieses Genres *(Le devin du village)* ferner eine „Scène lyrique" (Melodram) u. einige Arien.

ROUSSEL, ALBERT, 1869–1937, frz. Komponist (O Bt S KM L)

RUE, PIERRE DE LA → la Rue

RUSSISCHE MUSIKGESELLSCHAFT, Petersburg, 1859

RUSSOLO, LUIGI, 1855–1947, it. Maler u. Komponist, schrieb für ein Orchester selbstkonstruierter Geräuschinstrumente, die er „intonarumori" nannte; seine Schrift *L' → Arte dei rumori"* (1916) wurde in einer frz. Ausgabe 1954 nochmals gedruckt.

RUTEBEUF, ca 1220 – ca 1285, Trouvère (Ménestrel); schrieb außer dem Mirakelspiel von Theophil Kreuzzuglieder und moralisierende Gedichte mit scharfer zeitkritischer Note.

SACHS, CURT, 1881–1959, dt. Musikforscher (grundlegende Arbeiten zur Instrumentenkunde)

SACHS, HANS, 1494–1576, der berühmteste u. vielleicht auch fruchtbarste dt. Meistersänger; er hat, abgesehen von 208 Schauspielen, weit mehr als 6000 Lieder, Sprüche, Fabeln u. Legenden produziert.

SACKPFEIFE (ca 1265 u. 1395), → tibia utricularis

SAINT-SAENS, CAMILLE, 1835–1921, frz. Komponist (O S SD ChM KM L)

SAKKADAS, ca –600, griech. Aulet; sein *Nomos Pythikos* (Kampf Apollons mit dem Drachen), Glanzstück der ersten Delphischen Spiele, gilt als frühestes Beispiel der Programmusik.

SALIERI, ANTONIO, 1750–1825, it. Komponist (O Or Me Ka), lebte seit 1774 als Kammerkompositeur, später als Hofkapellmeister, in Wien.

SALOMON-KONZERTE, London 1781, die bes. durch Haydn historisch bedeutsamen Konzerte des Impresarios Salomon

SALONMUSIK (ca 1840), poetisch verbrämte, durch Sentimentalität u. billigen Effekt auf den Geschmack eines breiten Publikums abgestimmte Unterhaltungsmusik vor allem für Klavier; sie war allerdings nicht nur im „Salon" beheimatet, sondern auch in der „guten Stube" und hielt sich dort, solange es dergleichen gab.

SALTARELLO (ca 1390 u. 1490), schneller Tanz im Dreiertakt (→ Instrumentalmusik)

SAMMARTINI, GIOVANNI BATTISTA, 1698–1775, it. Organist u. Komponist (O S Ko KM)

SÄNGERKRIEG AUF DER WARTBURG, 1207

SAPPHO, ca –600, mytilenische Lyrikerin, von ihrem Zeitgenossen Alkaios als zehnte Muse gefeiert (Götterhymnen, Hochzeits- u. Liebeslieder)

SATIE, ERIK, 1866–1925, frz. Komponist (lyr. Komödien, Bt, Puppenspiel, Pantomime, KIM L); die provokant-exzentrische Geste seiner Musik hat die Antiromantiker u. Antiimpressionisten unter den jüngeren Komponisten Frankreichs stark beeindruckt.

SAXOPHON, 1840, von Adolphe Sax konstruiertes, der Klarinette verwandtes Blechblasinstrument

SCARLATTI, ALESSANDRO, 1660–1725, it. Komponist (ca 100 O, rund 650 Ka, Me Mo Ma Ko S KM)

SCARLATTI, DOMENICO, 1685–1757, Sohn von Alessandro S., it. Cembalist u. Komponist (O Ka Me KIM); seine rund 500, meist einsätzigen Sonaten, Virtuosenstücke von großer formaler Vielfalt, haben zur Ausbildung des Sonatenformtypus Wesentliches beigetragen.

SCHAEFFER, PIERRE, 1910, frz. Toningenieur u. Komponist, schuf 1948, an Russolos Arte dei rumori anknüpfend, die Grundlage einer aus alltäglichen, jedoch technisch manipulierten Schallvorgängen aufgebauten Geräuschkunst (→ musique concrète) u. komponierte auch mehrere Werke dieser Gattung.

SCHEIDT, SAMUEL, 1587–1654, dt. Organist u. Komponist (Mo Kanzonen, Choral-, Lied- u. Tanzbearbeitungen, Ko OrgM)

SCHEIN, JOHANN HERMANN, 1586–1630, dt. Komponist (Mo Ma Geistliche Konzerte, Chorlieder)

SCHELLEN (ca 340, 1385), kleine Blechrasseln

SCHMIDT, FRANZ, 1874–1939, österr. Komponist (O S KM)

SCHOECK, OTHMAR, 1886–1957, Schweizer Komponist (O OM KM L)

SCHOLA CANTORUM (ca 660), Sängerschule

SCHOLA PALATINA (ca 780), Sängerschule unter der Patronanz Karls d. Großen

SCHÖNBERG, ARNOLD, 1874–1951, österr. Komponist, lebte und lehrte zwischen 1900 u. 1933 zeitweilig in Berlin u. emigrierte dann über Frankreich nach den USA; die spätromantischen Frühwerke bis etwa 1905 lassen eine starke Neigung zu Brahms u. Wagner erkennen; auf dem Weg zu seinem eigenen Stil hat sich S. von traditionellen Bindungen, insbesondere an das Prinzip der Tonalität, immer mehr gelöst; die ersten nichttonalen Kompositionen sind die George-Lieder u. die 3 Klavierstücke op. 11 (1908/09); die Methode, mit 12 nur aufeinander bezogenen Tönen zu komponieren (→ Zwölftonsystem), entwickelte S. nach früheren Ansätzen zu Beginn der zwanziger Jahre (5 Klavierstücke op. 23); ihre Verbreitung führte zu einem epochalen Wandel in den musikalischen Denkgewohnheiten des 20. Jh.s. S. schrieb Bühnenwerke (2 Opern), OM, ChM, KM L.

SCHOSTAKOWITSCH, DMITRIJ, 1906–1975, russ. Komponist, Träger hoher Orden, seit 1954 Mitglied der Schwedischen Musikakademie, seit 1955 Ehrenmitglied der Accademia di S. Cecilia und seit 1958 Music Doctor der Universität Oxford; schwenkte nach progressiven Anfängen auf traditionelle Bahnen ein (O S Ko ChM KM KIM).

SCHREKER, FRANZ, 1878–1934, österr. Komponist (O Bt Ouvertüren KM L)

SCHUBERT, FRANZ, 1797–1828, österr. Komponist, schrieb, frühvollendet, mit 17 sein erstes Meisterlied, *Gretchen am Spinnrad;* in den rund 600 Liedern, die er im Lauf weniger Jahre komponierte, prägte er einen neuen Typus des klavierbegleiteten Sologesangs, der bestimmte, was künftig unter Lied zu verstehen war; S.s lyrische Natur charakterisiert auch das Wesen seiner größeren Kompositionen, der Sonaten, Streichquartette, Sinfonien, ja sogar der Opern, die deshalb auf der Bühne nicht bestehen konnten; nicht zuletzt wegen dieser tiefen lyrischen Ergriffenheit ist S.s Musik trotz starker Bindung an das Vorbild der Wiener Klassik zum Inbegriff romantischer Kunst geworden.

SCHULE VON ST. GALLEN (9.–11. Jh.), in dem Schweizer Kloster gleichen Namens begründete Tradition mönchischer Musikpraxis u. -wissenschaft, die durch das Wirken der beiden → Notker höchste Bedeutung erhielt.

SCHULEN → Neapolitanische, Römische, Venezianische, Mannheimer, Wiener S.

SCHUMANN, ROBERT, 1810–1856, dt. Komponist, verschrieb sich, obgleich erklärter Traditionalist, dem Geist einer „neuen poetischen Zeit", dem er auch in zahlreichen fesselnden Schriften über Musik und Musiker huldigte; daß er das Poetische nicht im Sinn der Programmusik verstanden wissen wollte, sondern als abstraktes, weil geistiges Element, zeigt am deutlichsten seine Klaviermusik (*Humoreske, Papillons, Novelletten*); in der kleinen Form, vor allem im Lied nach Schuberts Vorbild hat S. sein bestes gegeben; er komponierte an die 200 Werke (darunter 4 S, Ko KM ChM, ein Or u. eine O).

SCHÜTZ, HEINRICH, 1585–1672, dt. Komponist, 1614–17 Hoforganist in Kassel, danach Hofkapellmeister in Dresden; als hervorragender Repräsentant der Venezianischen Schule in Deutschland hatte er im Grenzbereich zwischen it. u. dt. Frühbarock eine wichtige Schlüsselposition inne; er schrieb u. a. lateinische u. dt. Mo, it. Ma, Ps, geistliche Gesänge, Passionshistorien nach Matthäus, Lukas u. Johannes sowie ein Bühnenwerk, *Dafne,* das verschiedentlich als erste deutsche Oper bezeichnet wurde; die Musik dazu ist verlorengegangen.

SCHWERTTANZ, (ca 1260), den mittelalterl. Zunftbräuchen zugehöriger Schautanz

SEARL, HUMPHREY, 1915, engl. Komponist, Webern-Schüler (S, Suiten, Ko KM L)

SEIBER, MATYÁS, 1905–1960, ungar. Komponist brit. Nationalität (OM KM ChM L KIM FiM Hörspielmusik)

SENFL, LUDWIG, ca 1490–1543, Schweizer Komponist, wirkte lange Zeit in den Hofkapellen des Kaisers Maximilian u. des Herzogs Wilhelm IV. von Bayern; seine Werke (Me Mo Ps Hy L) trugen ihm den Ruf eines „Fürsten der Musik ganz Deutschlands" ein.

SEQUENZ (ca 120, 450, 900, 1012 u. 1120), den Schlußmelismen des → Alleluiajubilus unterlegter Text, der das Memorieren dieser ausgedehnten Melodiebildungen erleichtern sollte, daraus gingen selbständige, strophisch gegliederte Gesangstücke hervor.

SERIELLE MUSIK (ca 1950), in den fünfziger Jahren dominierender Typus musikalischer Avantgardekunst, dessen Hauptmerkmal darin besteht, daß die Komposition nicht nur in bezug auf die Höhe jedes einzelnen Tons an das Regulativ einer bestimmten Ordnung (Reihe) gebunden ist wie die Zwölftonmusik, sondern auch in bezug auf die Dauer jedes einzelnen Tons sowie auf seine Klangfarbe und Lautstärke; Beispiele bei Stockhausen, Boulez u. a.

SIBELIUS, JEAN, 1865–1957, finnischer Komponist (O SchM S SD Suiten ChM KM KIM)

SINFONIE (ca 1695, 1745, 1795, 1875 u. 1900); die Bedeutung des Wortes Symphonia (ital. Sinfonia) deckte sich noch Anfang des 18. Jh.s weitgehend mit jener der Wörter Sonate, Ouvertüre, Concerto, und zwischen den Gattungen, die diese bezeichnen, und jener der S. besteht ein enger entwicklungsgeschichtlicher Zusammenhang; die typische viersätzige Form mit thematisch ausgeweitetem Kopfsatz und großem Finale vollendete sich nach exemplarischen Ansätzen der Mannheimer Schule in den S. Haydns, Mozarts und Beethovens, die der Gattung in der Orchestermusik des 19. Jh.s einen dominierenden Platz sicherten.

SINFONISCHE DICHTUNG (ca 1880 u. 1910), durch die → Programmusik des frühen 19. Jh.s vorbereitete Gattung großer, meistens jedoch einsätziger Orchestermusik mit einem poetischen, dramatischen oder bildhaften Vorwurf; ihre Geschichte beginnt mit Berlioz (*Symphonie phantastique*) und endet mit Debussy (*La Mer*).

SINGAKADEMIE, Berlin 1791, erste dt. Liebhaberchorvereinigung

SINGSCHULE, (1311), älteste der für den späteren Meistersang richtungweisenden Sängerkollegien des MA; ihr Begründer soll Heinrich von Meißen gewesen sein.

SINGSPIEL (ca 1615 u. 1780), Sprechstück mit musikalischen Einlagen, vor allem Liedern (Liederspiel)

SIRVENTES (ca 1110, 1185), provenzalisches Lied moralischen od. politischen Inhalts

SIXTINISCHE KAPELLE, 1483, Kapelle (Sängerkollegium) des päpstl. Hofes

SKALDEN (ca 900), nordgermanische Dichter u. Sänger an den Höfen Norwegens u. Islands, auch „Fahrende".

SKRJABIN, ALEKSANDR, 1872–1915, russ. Pianist u. Komponist (S SD Klaviersonaten u. a. KIM, ein Mysterienspiel); harmonische Neuerungen von der Art der Klangzusammensetzung durch Quarten anstatt durch Terzen rücken ihn in die Nähe anderer Modernisten der Jahrhundertwende (Schönberg); in seinem Sinfonischen Poem *Prometheus* strebte er die Verbindung von Musik u. Farblichtprojektionen an.

SMETANA, BEDŘICH, 1824–1884, tschech. Komponist (O SD KM KIM); gilt als Begründer tschech. Nationalmusik; das starke Nationalkolorit seiner Musik beruht aber weniger auf einer Ausbeute originärer Motive als auf der Kraft kongenialer Nachempfindung.

SOCIÉTÉ DES CONCERTS DU CONSERVATOIRE, Paris 1828, Konzertgesellschaft

SOLMISATION (ca 1060), aus Guidos → „versus memorialis" entwickelte Methode der Gehörschulung

SOMMERKANON, (ca 1240), → sumer is y cumen in

SONATE (ca 1605, 1695 u. 1795), zunächst einsätziges, aber schon um die Mitte des 17. Jh.s in der Form einer Suite angelegtes, mehrsätziges Stück für ein Soloinstrument oder kleines Ensemble (Triosonate, Sonata da camera, Sonata da chiesa), dann auch der erste, wahlweise als Sinfonia bezeichnete Satz einer solchen Komposition, in dem sich ein eigener Formtypus mit engem thematischem Zusammenhang ausprägte (Sonatensatzform); die klassische viersätzige Form der S. wurde im 18. Jh. ausgebildet.

SONG (ca 1865 u. 1930); zunächst das aus Strophe u. Refrain zusammengesetzte populäre Lied im England des 19. Jh.s, danach auch das dt. Lied der Varieté- u. Kabarettsänger; als Stilkategorie ist der S. allerdings erst seit dem Schlagererfolg des Brecht-Weillschen Prototyps aus der *Dreigroschenoper* (Haifisch-Song) etabliert.

SOPHOKLES, ca –496 — –406, athen. Tragödiendichter (*Aias, Antigone, König Ödipus, Die Trachinierinnen, Elektra, Philoktet, Ödipus auf Kolonos*); führte den dritten Schauspieler ein u. belebte dadurch den Handlungsablauf der antiken Tragödie; seine Chorlieder sind in bezug auf ihre Funktion u. ihren Umfang den dramaturgischen Erfordernissen angemessen u. von besonders eindringlicher Wirkung.

SOPHRON, griech. Dichter des 5. vorchr. Jh.; machte die vulgärsprachliche Prosa der Mimiamben (→ Mimus) literaturfähig und förderte dadurch die Loslösung des Dramas von den musikalischen Bindungen der Versform.

SOUTERLIEDEKENS (1561), Psalmliedchen; holl. Volkslieder mit unterlegten übersetzten Psalmtexten (→ Kontrafaktur)

SPIELMANNSKUNST (ca 900), Musik der („fahrenden") Spielleute; → Joculator

SPOHR, LOUIS, 1784–1859, dt. Geiger u. Komponist (O S Ko SchM KM Violinschule)

SPRUCH (ca 1170), einstrophiges lyrisches Gedicht, dessen Vortrag durch Instrumentalspiel begleitet wurde

SQUARCIALUPI-KODEX (ca 1430), umfangreiche Sammlung it. weltl. Musik des 14. u. 15. Jh.

STADTPFEIFER (ca 1290)

STAMITZ, JOHANN, 1717–1757, dt.-böhm. Geiger u. Komponist, 1744 Erster Hofviolinist in Mannheim, 1748 „Director der Instrumental-Music"; Haupt der Mannheimer Schule (74 S Ko Sonaten Mo).

STERNSCHER GESANGVEREIN, Berlin 1847

STILE AFFETTUOSO (ca 1550), „affektiver", gefühlsbetonter, von innerer Bewegung getragener oder solche auslösender Stil, gleichsam eine vorbereitende Phase des von Monteverdi initiierten leidenschaftlich erregten Stils (stile concitato).

STOCKHAUSEN, KARLHEINZ, 1928, dt. Komponist, lieferte, von Webern ausgehend, in einer großen Anzahl von Werken verschiedenster Machart u. Besetzung hervorragende Beispiele serieller, aleatorischer, konkreter u. elektronischer Musik, von denen einige als Prototypen gelten können.

STOLTZER, THOMAS, ca 1482–1526, dt. Komponist (Me Mo Hy Ps, darunter die ersten mit deutschem Text, L)

STRADELLA, ALESSANDRO, 1645–1682, ital. Komponist (O Or Mo Ka Ma Kz KM)

STRAUSS, JOHANN (Vater), 1804–1849, österr. Geiger u. Komponist, schrieb rund 250 Tänze u. Märsche, darunter den *Radetzkymarsch,* u. eine große Anzahl von Walzern, die diesem Tanz in allen Gesellschaftsschichten zu großer Beliebtheit verhalfen.

STRAUSS, JOHANN (Sohn), 1825–1899, österr. Komponist, schuf den Typus sowohl des klassischen Wiener Walzers (*An der schönen blauen Donau*) als auch der klassischen Wiener Operette (*Die Fledermaus*).

STRAUSS, RICHARD, 1864–1949, dt. Komponist, hatte bereits als Gymnasiast erste Erfolge mit seiner Musik; 1884 trat er zum erstenmal als Dirigent hervor, 1885 war er 2. Kapellmeister in Meinigen, 1889 Hofkapellmeister in Weimar, 1898 in München, 1908 GMD in Berlin; die Oper *Salome* (1905) begründete seinen Weltruhm; die darin freigesetzte, in *Elektra,* der nächsten Oper, noch gesteigerte Ausdruckskraft seiner Musik wich in den folgenden Werken einer erhöhten äußeren Brillanz; außer Kirchenmusik hat Str. Werke jeder Kategorie hervorgebracht; den größten Anteil an seinem umfangreichen Oeuvre haben die Opern, sinfonischen Dichtungen u. Lieder.

STRAWINSKY, IGOR, 1882–1971, russ. Komponist; einer der vielseitigsten, wendigsten u. einflußreichsten unter den Komponisten des 20. Jh.s; verließ Rußland 1910, lebte zunächst in der Schweiz, von 1914 bis 1939 hauptsächlich in Frankreich u. danach in den USA; sowohl in Frankreich als auch in Amerika ließ er sich naturalisieren; seine kosmopolitische Gesinnung charakterisiert aber auch viele seiner künstlerischen Interessen, einschließlich der unvoreingenommenen Auseinandersetzung mit den verschiedensten musikalischen Formen und Stilen; unter dem Gesichtspunkt eines langfristigen stilistischen Wandels werden drei Perioden unterschieden: die russische (1910–20), die neoklassizistische (1920–50) und die quasi modernistische mit den verschiedensten Aspekten der Reihenkomposition.

STREICHQUARTETT (ca 1740); zumeist drei- oder viersätzige Komposition für 2 Violinen, Viola u. Violoncello; als Vorläufer können die Triosonate u. vierstimmige Streichersätze des 17. Jh. (Torelli, Scarlatti, Pergolesi) angesehen werden; die für die Entwicklung der Gattung maßgeblichen ersten klassischen Beispiele stammen von J. Haydn; formale u. satztechnische Prinzipien, die den hohen künstlerischen Anspruch des Str.s begründeten, u. von Mozart u. Beethoven individuell modifiziert u. gefestigt, oft auch erweitert wurden, wie z. B. das der thematischen Arbeit, haben zugleich die Ausbildung der nächst verwandten Gattungen klassischer Musik, der → Sonate u. der → Sinfonie, begünstigt u. ein Verhältnis fruchtbarer Korrespondenz etabliert.

STUDIO FÜR ELEKTRONISCHE MUSIK, Köln, 1951, Forschungs- u. Produktionsstätte des Westdeutschen Rundfunks; Leiter: Herbert Eimert (bis 1972) u. Karlheinz Stockhausen.

SUCHENSINN, 2. Hälfte des 14. Jh., dt. Minnesänger

SUITE (ca 1530, 1605 u. 1745), Folge von Tänzen oder auch anderen selbständigen Instrumentalsätzen

SUMER IS Y CUMEN IN (ca 1235), „Sommerkanon", ältestes Zeugnis ausgeprägter Kanonform (→ Rota) engl. Herkunft

SUPPÉ, FRANZ VON, 1819–1895, österr. Operettenkomponist

SUTERMEISTER, HEINRICH, 1910, Schweizer Komponist (O ChM Ko KM L)

SWEELINCK, JAN PIETERSZOON, 1562–1621, niederl. Organist u. Komponist (Mo Ch OrgM)

SYSTEMA TELEION (ca –300), „vollständiges System", System der griech. Tonarten (Oktavgattungen), deren Namen (dorisch, phrygisch, lydisch usw.) später auf das System der Kirchentöne übertragen wurde.

SZYMANOWSKI, KAROL, 1882–1937, poln. Komponist (O S Ko ChM L KlM KM)

TABULATUR (ca 1340 u. 1475), „Tafel", in der Regel eine aus Buchstaben, Ziffern u. anderen Zeichen zusammengesetzte (Notenschrift jedoch ausschließende) Form der Notation für Soloinstrumente.

TAGELIED (ca 1170), der provenzalischen Alba nachgebildetes Strophenlied über den morgendlichen Abschied zweier Liebender

TAKTSTRICH (ca 1590 u. 1650)

TALLIS, THOMAS, ca 1505–1585, engl. Komponist (Me Mo Ps Anth Virginalmusik); Paradebeispiel für seine hohe Kunst kontrapunktischer Disposition ist eine Motette für 40 Stimmen (acht Chöre).

TAMBURIN (ca 1278), Schellentrommel

TAMTAM (ca 1800), Gong, aus Asien stammendes uraltes Schlaginstrument; es wurde gegen Ende des 18. Jh. im europäischen Orchester eingeführt.

TANGO (ca 1935), langsamer Gesellschaftstanz im 2/4-Takt; stammt aus Südamerika u. galt in den zwanziger u. dreißiger Jahren in Europa als bevorzugter Modetanz.

TANNHÄUSER, ca 1205–1270, sagenumwobener dt. Minnesänger (Liebes- u. Tanzlieder, gehaltvolle Kunstlyrik)

TANZLIED (ca 1100 u. 1170), → Ballade

TARTINI, GIUSEPPE, 1692–1770, it. Geiger u. Komponist (S Ko Sonaten); stand als Violinvirtuose, Lehrer u. Verfasser weitverbreiteter theoretischer Schriften bei seinen Zeitgenossen in außergewöhnlich hohem Ansehen.

TAVERNER, JOHN, ca 1495–1545, engl. Komponist (Me Mo)

TE DEUM (ca 400), Lobgesang

TELEMANN, GEORG PHILIPP, 1681–1767, dt. Komponist (etwa 50 O, 5 Or, 46 PM, 12 Ka, 15 Me, gegen 1000 Orchestersuiten, KIM OrgM KM L u. a.); wurde von seinen Zeitgenossen höher eingeschätzt als J. S. Bach, dem er allerdings trotz fester Verwurzelung in der Tradition des dt. Barock die Fähigkeit der Anpassung sowohl an die verschiedensten Nationalstile als auch an den Zeitgeschmack voraus hatte; gilt daher auch als Vorläufer der Wiener Klassik.

TERPANDROS, 7. Jh. v. Chr., griech. Kitharode; gilt als Erfinder einiger Nomoi

TERZ (ca –300, ca 1300). 1) natürliche: Abstand zweier Töne nach dem Maßstab eines Schwingungsverhältnisses von 4 : 5 (große T.), bzw. 5 : 6 (kleine T.); 2) pythagoreische: Abstand zweier Töne nach dem Maßstab eines Schwingungsverhältnisses von 64 : 81 (gr. T.), bzw. 27 : 32 (kl. T.); die T. galt bis ins hohe Mittelalter theoretisch als Dissonanz.

THESPIS, griech. Tragiker des 6. vorchr. Jh.s; führte ca –534 in Athen erste Tragödien vor.

THIBAUT (Graf von Champagne und Brie), 1201 bis 1253, Trouvère

TIBIA (ca – 460), urspr. Knochenpfeife; dem griech. Aulos nachgebildete Doppelflöte; altröm. Nationalinstrument.

TIBIA UTRICULARIS (ca –80), orientalische Sackpfeife der alten Römer

TIERHORN, → Horn

TIMOTHEUS, ca –400, Dithyrambiker; Schüler des → Phrynis

TINCTORIS, JOHANNES, ca 1435–1511, fläm. Komponist (Me Mo Ch) u. Musiktheoretiker; wirkte in Frankreich u. Italien.

TIPPETT, MICHAEL, 1905, engl. Komponist (O Or S Ko KM L)

TITELOUZE, JEHAN, 1563–1633, frz. Organist u. Komponist (Me OrgM)

TONAR VON EICHSTÄTT (ca 1070)

TONAR VON MONTPELLIER (ca 1048)

TONKÜNSTLERSOZIETÄT, Wien 1771, Musikgesellschaft mit sozialem Programm (Witwen- u. Waisenfürsorge)

TONUS LASCIVUS (ca 1260), „lustiger Ton", die von den Kirchentönen abweichende, dem späteren Dur nahestehende Tonart vieler alter Volksliedmelodien

TORELLI, GIUSEPPE, 1658–1709, it. Geiger u. Komponist (Or Ko Concerti grossi u. a.); gilt als Schöpfer des Soloviolinkonzerts.

TRAGÉDIE LYRIQUE (ca 1680), frz. Typus der Barockoper mit großen Chor- u. Tanzszenen; der deklamatorische Stil der Arien u. Rezitative knüpft an den Ton der zeitgenössischen frz. Tragödie an; Beispiele: Lullys *Armide* u. Rameaus *Castor et Pollux.*

TRAGÖDIE (ca –470)

TRAUTONIUM (1930), von Friedrich Trautwein erfundenes und von Oskar Sala verbessertes elektronisches Instrument für zweistimmiges Spiel

TRIENTER KODIZES (ca 1440), Sammlung drei- u. vierstimmiger Musik aller Gattungen

TROMMEL (–1000, ca 1275, 1390 u. 1705), urspr. magischen Zwecken dienendes Fellinstrument; griech. tympanon, lat. tympanum; versch. Formen u. Größen.

TROMPETE (–1000, ca 1380), lat. tuba, gleich dem Horn schon in vorgeschichtl. Zeit nachweisbares Blasinstrument (Naturhorn); im 19. Jh. zum Ventilhorn ausgebaut.

TROPUS (ca 900, ca 1017), „Art und Weise", im engeren Sinn melodische und (oder) textliche Einschübe in den Gesängen d. christl. Liturgie

TROUBADOUR (ca 1090 u. 1170), eigentl. provenzalisch: Trobador; Dichter u. Sänger (Komponist) höfischer Liebeslieder, die zur Harfe, Fiedel oder Drehleier vorgetragen wurden; es wird zwischen einem „leichten" Stil (trobar leu) u. einem „dunklen", verschlüsselten, esoterischen (trobar clus) unterschieden (Marcabru, Peire, Arnaut).

TROUBADOURLYRIK (ca 1090)

TROUVÈRE (ca 1180), wie der südfrz. trobador, der sein Vorbild war, nordfrz. Dichter u. Sänger höfischer Liebeslieder

TROUVÈRELYRIK (ca 1185)

TRUMSCHEIT (ca 1270 u. 1385), großes einsaitiges Streichinstrument mit tiefem trompetenartigem Ton

TSCHAIKOWSKIJ, PJOTR ILJITSCH, 1840–1893, russ. Komponist (O Bt S Ko ChM KM KIM L); trotz enger Bindung an die westeuropäische Tradition des frühen 19. Jh.s weist seine Musik ausgeprägte Züge nationalrussischen Wesens auf, die ihr den Anschein einer adäquaten Fortsetzung der von Glinka eingeschlagenen Linie verleihen.

TUBA (ca –1000, ca –460), altröm. → Trompete; der Name wurde später auf die größeren Baßinstrumente der Flügelhornfamilie übertragen.

TUOTILO, ca 900, St. Gallener Mönch; Architekt, Elfenbeinschnitzer, Dichter u. Musiker; bedeutend durch seinen Beitrag zur Entwicklung des → Tropus (*Hodie cantandus est nobis puer*).

TYMPANUM → Trommel

ULRICH VON LICHTENSTEIN, ca 1200 – ca 1276, österr. Minnesänger (Liebes- u. Tanzlieder, Versroman, *Frauendienst*).

UTRECHTER PSALTER, 830

VAGANTEN, „fahrende" Sänger, meist Scholaren u. Kleriker, des 12. u. 13. Jh.

VAGANTENPOESIE, (ca 1145), meist einfache Spruchdichtungen, Trink- u. Liebeslieder umherziehender Studenten und Kleriker (Vaganten)

VARIATION (ca 1525 u. 1595), zunächst der Fantasie nahestehendes Instrumentalstück, das im Lauf des 16. Jh. zur Folge geschlossener V.-Sätze ausgebaut wurde.

VAUDEVILLE (ca 1710), urspr. volkstümliches frz. (Spott-)Lied, seit Anfang d. 18. Jh. die von solchen Liedern getragene musikalische Posse.

VAUGHAN WILLIAMS, RALPH, 1872–1958, engl. Komponist (O Or Ko S ChM KM FiM L); sammelte u. bearbeitete engl. Volksmusik, griff aber auch in vielen seiner eigenen Kompositionen Motive daraus auf.

VECCHI, ORAZIO, ca 1550–1605, ital. Komponist (Mo Me Ma Kz); seine Commedia harmonica *L'Amfiparnasso* ist ein dialogischer Gesang in der Form mehrstimmiger Madrigale und kann, obgleich er nicht szenisch dargeboten wurde, als ein Vorläufer der Oper gelten.

VENEZIANISCHE SCHULE (16. Jh.), eine Reihe it. Komponisten, die in der Nachfolge A. → Willaerts, auf niederl. u. it. Überlieferung gestützt, einen eigenen Stilkreis von großem Einfluß bes. auf die Entwicklung der Instrumentalmusikformen (Ricercar, Sonate, Sinfonie) bildeten.

VENTILHORN (1814), → Horn

VERDELOT, PHILIPPE, ca 1565 – ca 1639, niederl. Komponist; schrieb Messen u. Motetten, ist aber vor allem als einer der ersten Meister des Madrigals anzusehen.

VERDI, GIUSEPPE, 1813–1901, it. Komponist, Sohn armer Leute, studierte in Mailand, nachdem er vom Konservatorium abgewiesen worden war, mit mäzenatischer Hilfe privat; *Nabucco,* seine dritte Oper, begründete, gleichfalls in Mailand, seinen Ruhm; den insgesamt 30 Opern V.s stehen nur wenige andere Kompositionen gegenüber, fast ausschließlich Vokalwerke; die *Quattro pezzi sacri* aus seinen letzten Lebensjahren und das *Requiem* (1874) stehen aber an innerem Reichtum und äußerem Glanz seinen besten Opern in keiner Weise nach.

VERSUS MEMORIALIS (ca 1050), Merkstrophe; erste Strophe eines lat. Hymnus: Ut queant laxis resonare fibris / mira gestorum famuli tuorum / solve poluti labii reatum / Sancte Joannes; Guido von Arezzo verwendete die Anfangssilben der Halbzeilen – ut re mi fa sol la – zur Kennzeichnung der Tonstufen im → Hexachordsystem.

VIADANA, LODOVICO, 1564–1645, it. Komponist (Me Ps Ma Kz Kirchenkonzerte)

VICENTINO, NICOLO, 1511–1572, it. Musiktheoretiker u. Komponist (Mo Ma); suchte sowohl in seiner Musik als auch in seiner Theorie eine Erneuerung antiker Praxis durchzusetzen.

VIELLE (ca 900), auch Viola oder Fiedel (ahd. Fidula), fünfsaitiges Streichinstrument wahrscheinlich arabischen Ursprungs.

VILLANELLA, (ca 1570), der Kanzonette verwandtes, einfaches, dreiteiliges Lied, dessen Typus, in Neapel geprägt, im 16. Jh. Lied- u. Tanzsätze vieler, auch dt. u. frz. Komponisten beeinflußte.

VIOLA, seit Anfang des 16. Jh. in verschiedenen Größen (Viola da gamba, Viola da braccio) gebautes Streichinstrument vom Typus der Fiedel (→ Vielle).

VIOLINE (it. violino, „kleine Viola"), in der ersten Hälfte des 16. Jh. aus der Viola da braccio entwickeltes viersaitiges (anfangs dreisaitiges) Streichinstrument; seine heutige Gestalt erhielt es Mitte des 16. Jh. in der Cremoneser Schule der Familie Amati.

VIRELAI (ca 1325), frz. Refrainlied

VIVALDI, ANTONIO, ca 1678–1741, it. Geiger u. Komponist, 1709–40 Dirigent in Venedig, einige Jahre auch Impresario an verschiedenen Orten; er komponierte 49 Opern, 446 Konzerte, 75 Sonaten, 23 Sinfonien, 55 Motetten, mehrere Kantaten u. a.; wegen seines Beitrags zur Entwicklung der Solokonzertform als Komponist ebenso bedeutend wie bei Lebzeiten als Violinvirtuose geschätzt.

VIRGINAL (ca 1580), engl. Kielflügel (→ Cembalo)

VIRGINALISTEN (ca 1550), eine Gruppe engl. Komponisten, die mit ihrer Musik für das Virginal auch auf dem Kontinent Schule gemacht haben.

VIRGINALMUSIK (ca 1580)

VITRY, PHILIPPE DE, 1291–1361, frz. Komponist (Mo Bd L), Dichter (Freund Petrarcas) u. Musiktheoretiker; übte verschiedene hohe geistl. u. weltl. Ämter aus, genoß aber auch als Mathematiker u. Philosoph höchstes Ansehen; Hauptvertreter der frz. Ars nova; viele seiner Werke, sowohl Dichtungen als auch Kompositionen, sind verlorengegangen; sein Hauptverdienst besteht in der geistigen Durchdringung der Balladen- u. (isorhythmischen) Motettenform.

VOGLER, GEORG JOSEPH (Abbé V.), 1749–1814, dt. Komponist (O Me Mo Ko S KM), Musiktheoretiker (Harmonie- u. Kompositionslehre), weitgereister Pianist u. Organist; Lehrer Liszts u. Meyerbeers.

VOKALPOLYPHONIE, klassische (ca 1500), → Polyphonie

VOLKSLIED (ca 1260, 1430 u. 1765), die Gattung des anonymen, in der Grundschicht der zivilisierten Gesellschaft beheimateten Lieds gewann, wie die des Volkstanzes, durch die Säkularisierung der Kunstmusik und die gleichzeitig verbesserten Möglichkeiten der Aufzeichnung eine nachhaltige, seit dem 13. Jh. zunehmende geschichtliche Bedeutung; zu den ältesten, wahrscheinlich vorgeschichtlichen Strukturmerkmalen gehören → pentatonisches u. → heptatonisches Melos, dieses häufig auf der Grundlage des → Tonus lascivus; kulturpolitisch hohe Bedeutung gewann das V. insbesondere durch die Nationalinteressen d. 18. u. 19. Jh., in Deutschland vor allem durch die wegweisende Arbeit Herders, der auch das Wort V. prägte.

VOLKSTANZ (ca 1260), → Reigen, Schwerttanz, Volkslied

WAGENSEIL, GEORG CHRISTOPH, 1715–1777, österr. Komponist (S Ko KlM OrgM Or Ka); Haupt der → Wiener Schule.

WAGNER, RICHARD, 1813–1883, dt. Komponist, studierte in Leipzig u. übte neben seiner schöpferischen Arbeit eine umfangreiche Dirigententätigkeit aus, die ihn zwischen 1839 u. 1865 in fast alle bedeutenden Städte Europas führte; 1872 ließ er sich in Bayreuth nieder, wo der Grundstein des nach seinen Ideen geplanten Festspielhauses gelegt wurde u. 1876 *Der Ring der Nibelungen* zum erstenmal in Szene ging; in dieser Festspieltetralogie hat W. in der Entwicklung seiner Idee eines Gesamtkunstwerks, aber auch in der Entwicklung der romantischen Oper, in der er sich zunächst an Weber u. Meyerbeer angeschlossen hatte, einen absoluten Höhepunkt erreicht; als zukunftsträchtig erwiesen sich seine harmonischen u. instrumentationstechnischen Neuerungen; er schrieb auch OM u. ChM sowie L, verfaßte die meisten seiner Texte u. eine größere Anzahl literarischer Arbeiten.

WALTHER, JOHANNES, 1490–1570, dt. Komponist u. Kantor; Freund u. musikalischer Berater Luthers; eine Zeitlang Hofkapellmeister Moritz' von Sachsen; er schrieb u. a. 2 Choralpassionen u. mehrere Instrumentalsätze für den Schulgebrauch; in seinen zahlreichen Liedbearbeitungen gab er der Musik der reformierten Kirche eine solide Grundlage.

WALTHER VON DER VOGELWEIDE, ca 1170 –ca 1230, österr. Minnesänger (Liebes- u. Tanzlieder, relig. u. polit. Gedichte, Sprüche); vielleicht der genialste unter den dt. Dichtern des MA.

WALZER (ca 1790 u. 1830), aus dem Ländler hervorgegangener Gesellschaftstanz im 3/4-Takt, der im 19. Jh. besonders in der rhythmisch pointierten Spielart der Wiener Komponisten Joseph Lanner und Johann Strauß (Vater u. Sohn) allgemein verbreitet war, in der Form des Konzertwalzers aber auch in der Kunstmusik großen Raum einnahm.

WEBBE, SAMUEL, 1740–1816, engl. Organist u. Komponist (Me Mo Ca Gl)

WEBER, CARL MARIA VON, 1786–1826, dt. Komponist (O Bühnenmusik Me Ka S Ko KM L KIM); war 1811–16 als vielbewunderter Klaviervirtuose unterwegs; 1816 wurde er in Dresden Operndirektor; im *Freischütz* schuf er den Typus der dt. romantischen Oper.

WEBERN, ANTON, 1883–1945, österr. Komponist, betätigte sich, bis 1922 zumeist in untergeordneten Stellungen, als Dirigent, später auch als Privatlehrer; seine Musik wurde 1934–45 in Österreich u. Deutschland aus politischen Gründen unterdrückt, setzte sich in größerem Ausmaß allerdings auch in anderen Ländern erst rund fünf Jahre nach seinem Tod durch, beeinflußte die damals jungen Komponisten in aller Welt aber wie die kaum eines anderen Zeitgenossen; dem Umfang auch des einzelnen Werkes nach ist es eine äußerst unscheinbare, dem Inhalt nach fast durchwegs eine äußerst konzentrierte, vergeistigte u. daher abstrakte Musik (OM ChM KM L), besonders die strengen Zwölftonkompositionen der Jahre nach 1920.

WEIHNACHTSSPIEL → Liturgisches Drama u. Mysterium

WEILL, KURT, 1900–1950, dt. Komponist, emigrierte 1935 nach den USA, wo er 1943 naturalisiert wurde; er schrieb Opern-, Schauspiel- u. Filmmusik, 2 Sinfonien, ein Violinkonzert, Chor- u. Klavierwerke; sein Weltruhm ist der *Dreigroschenoper* (nach dem Muster der Bettleroper von Gay u. Pepusch) und dem gleichfalls mit B. Brecht geschaffenen Songspiel *Mahagonny* (1927) zuzuschreiben, das später zur Oper *Aufstieg und Fall der Stadt Mahagonny* erweitert wurde; den hier, vor allem im Song, angeschlagenen, dem sozialkritischen Pathos der Texte adäquaten u. für seinen Stil typisch gewordenen aggressiven Ton hat W. in Amerika zugunsten eines eher konventionellen Idioms unterdrückt.

WELLESZ, EGON, 1885–1974, österr. Komponist (O Bt S OM Me ChM KM KIM L) u. Musikforscher (byzantinische Musik); lebte seit 1938 in England.

WIENER MÄNNERGESANGVEREIN, 1844

WIENER SCHULE, 1) 18. Jh., im engeren Sinn die der Wiener Klassik (als W. Sch. im weiteren Sinn) vorausgegangenen Kleinmeister vom Schlag G. Chr. Wagenseils, die Wesentliches zur Ausbildung der klassischen Formtypen beigetragen haben; 2) auch Zweite W. Sch., 20. Jh., der um A. Schönberg versammelte Kreis Wiener Komponisten, bes. der Zeit vor dem Ersten Weltkrieg, die auf dem Weg von der Spätromantik über den Expressionismus zu den traditionsgebundenen Formen der Zwölftonmusik gelangten.

WILHELM VON AQUITANIEN (Graf von Poitiers), 1071–1127, frühester Troubadour; seine provençalischen Lieder, von denen neun erhalten sind, mochten sowohl durch die Einfachheit der Sprache als auch durch die Leidenschaftlichkeit des Ausdrucks die Gattung befruchtet haben.

WILLAERT, ADRIAN, ca. 1486–1562, fläm. Komponist (Me Mo Ps Ch Instrumentalstücke); Hofkapellmeister in Ferrara, Kapellsänger in Mailand u. von 1527 bis zu seinem Lebensende Kapellmeister an der Markuskirche in Venedig; seine Bindung an die Tradition sowohl der frz. als auch der it. Musik sowie sein eminenter, der Zukunft zugewandter Kunstverstand verschafften ihm in einer entscheidenden Phase der Entwicklung zwischen MA u. Neuzeit eine wichtige Schlüsselposition, was sich auf sein eigenes Werk nicht minder nachhaltig auswirkte als auf das seiner zahlreichen it. Schüler.

WINCHESTER TROPAR (ca 1040)

WIPO, ca 1000–1050, Kaplan und Biograf Konrads II.; Verfasser von Lehrgedichten sowie der Ostersequenz *Victimae paschali laudes.*

WOLF, HUGO, 1860–1903, österr. Komponist (1 O OM ChM KM L); in seinen rund 300 Liedern hat W., bei Schubert u. Schumann anknüpfend, im Stil seiner Textdeklamation und seines Instrumentalsatzes jedoch Wagner verpflichtet, eine letzte Blüte deutscher romantischer Lyrik herbeigeführt.

WOLKENSTEIN, OSWALD VON, ca 1377–1445, der „letzte Minnesänger", ein später Nachzügler wie Hugo von Montfort; sein Lied *Wach auff, mein hort* hat ihn allerdings noch um einige Jahrzehnte überlebt.

XENNAKIS, YANNIS, 1922, griech. Komponist (OM KM EM)

ZARLINO, GIOSEFFO, 1517–1590, it. Komponist (1 Me Mo Ma) u. Musiktheoretiker (Harmonie- u. Satzlehre)

ZELTER, CARL FRIEDRICH, 1758–1832, dt. Komponist (S Ko KIM L); leitete ab 1800 die Berliner Singakademie u. war einer der Begründer der Berliner Liederschule.

ZINK (ca 1565), gerades oder gebogenes Grifflochhorn

ZUNFTWESEN, MUSIKALISCHES (ca 1290)

ZWÖLFTONSYSTEM (ca 1925), die Ordnung zwölf gleichrangiger Töne nach dem Schema der chromatischen Skala mit gleichschwebender Temperatur; das darin verankerte kompositionstechnische Prinzip Arnold Schönbergs (erstmals 1921 in seiner Klaviersuite op. 23 konsequent angewandt) hat Theorie u. Praxis der Satzkunst besonders um die Jh.-Mitte stark beeinflußt (→ Wiener Schule, Serielle Musik); das gleichfalls um 1920 entwickelte Verfahren Josef Mathias Hauers, das mit jenem Schönbergs nur die Voraussetzung des temperierten Halbtons gemein hat, setzte sich dagegen nicht durch.